La Consolidation des Comptes dans l'Espace OHADA, de A à Z

Guide Pratique élaboré par un Praticien

Marcellin ZUNON

Title: La Consolidation des Comptes dans l'Espace OHADA, de A à Z
Subtitle: Guide Pratique élaboré par un Praticien
Author: Marcellin ZUNON
Publisher: Upway Books
ISBN: 978-1-917916-00-4

Cover designed on: www.canva.com

This book is a work of non-fiction. The information contained within is based on
the author's research, experience, and knowledge at the time of publication. The
publisher and author have made every effort to ensure accuracy and reliability,
but they assume no responsibility for errors, omissions, or contrary
interpretations of the subject matter. This publication is not intended as a
substitute for professional advice or consultation. Readers are encouraged to
seek appropriate professional guidance as needed.

For more information, visit:
www.upwaybooks.com
contact@upwaybooks.com

À ma famille

À mes amis

Aux Associée et Collaborateurs de 2AàZ SAS

Merci pour la force que vous me donnez

AVANT-PROPOS

Le choix du titre "**La consolidation des comptes dans l'espace OHADA, de A à Z**" est guidé par une volonté claire de refléter l'exhaustivité, la pédagogie et la praticité de cet ouvrage. En tant qu'auteur et professionnel expérimenté, je souhaite proposer une référence incontournable pour tous les praticiens, étudiants et dirigeants souhaitant maîtriser les subtilités de la consolidation des comptes dans l'espace OHADA.

1. Un ouvrage complet et structuré

L'expression "de A à Z" traduit l'approche globale et méthodique adoptée dans cet ouvrage. Elle illustre l'ambition de couvrir tous les aspects essentiels liés à la consolidation des comptes, en commençant par les concepts fondamentaux jusqu'aux cas pratiques les plus complexes. Ce titre reflète également la structure de l'ouvrage, qui suit un cheminement progressif et rigoureux permettant au lecteur d'acquérir une compréhension approfondie de la consolidation.

2. L'inventaire des termes, 60 mots et expressions pour comprendre : une clé d'entrée pédagogique

L'introduction de l'ouvrage est consacrée à un inventaire détaillé des termes de A à Z liés à la consolidation des comptes, avec leurs définitions précises et contextualisées. Ce glossaire initial constitue une base solide pour les lecteurs, qu'ils soient novices ou expérimentés, en leur permettant de maîtriser le vocabulaire technique et de s'orienter facilement à travers les concepts abordés.

3. L'ancrage dans l'espace OHADA

L'inclusion de l'espace OHADA dans le titre souligne la pertinence géographique et juridique de cet ouvrage. Les normes OHADA, qui régissent la consolidation dans de nombreux pays africains, nécessitent une compréhension spécifique des principes comptables et des obligations réglementaires. Ce livre répond à ce besoin en apportant des solutions adaptées au contexte unique des entreprises évoluant dans cet espace.

4. L'alignement avec la vision de 2AàZ

Le titre s'inscrit également dans la philosophie et les valeurs de la firme d'audit, d'expertise comptable et de conseil, 2AàZ SAS, qui repose sur une offre de services globale et complète. À travers ce livre, je réaffirme l'engagement du cabinet à fournir des outils pratiques et exhaustifs pour accompagner les entreprises à chaque étape de leur développement.

5. D'Auteurs à Zunon

Certes, de nombreux auteurs ont déjà contribué à la littérature sur la consolidation des comptes, offrant des perspectives variées sur les aspects théoriques et pratiques de ce domaine. Cependant, le présent ouvrage, "La consolidation des comptes dans l'espace OHADA, de A à Z", se distingue par son ambition : allier la rigueur théorique d'un spécialiste de la normalisation comptable à la richesse d'une expérience pratique forgée au cours de vingt-sept années de carrière.

Fort de mon expertise en audit et en accompagnement de groupes de sociétés dans la préparation de leurs états financiers consolidés, je propose un guide qui transcende les simples concepts pour offrir des outils concrets et adaptés aux réalités de l'espace OHADA. Cet ouvrage s'adresse autant aux professionnels qu'aux étudiants, en répondant à leurs besoins spécifiques grâce à une approche complète, didactique et profondément ancrée dans la pratique.

En résumé, "La Consolidation des Comptes dans l'Espace OHADA, de A à Z" incarne un ouvrage de référence, conçu pour éclairer, guider et accompagner les lecteurs dans leur maîtrise de la consolidation des comptes dans le respect des normes OHADA. Ce titre traduit à la fois l'ambition pédagogique et la valeur ajoutée pratique de cet ouvrage, en parfait alignement avec mon expertise et la mission de 2AàZ SAS, « De l'équation à la solution, nous avons votre formule de succès ».

PREFACE

C'est avec un grand honneur et une profonde admiration que je me prête à l'exercice de rédiger cette préface pour ce second ouvrage de Marcellin ZUNON, rédigé moins de deux ans après le premier relatif au prix de transfert. Ayant eu le privilège d'avoir été un de ses collaborateurs proches de 2000 à 2006 au sein du cabinet d'audit et de conseil EY, j'ai pu apprécier non seulement son immense rigueur professionnelle, mais aussi sa capacité à rendre accessibles les sujets les plus complexes.

La consolidation des comptes, objet de cet ouvrage est l'une des thématiques les plus complexes et passionnantes dans le vaste univers de la comptabilité. En conséquence, rendre la consolidation des comptes compréhensible, pratique et applicable tout en conservant la précision et la profondeur qu'exigent des normes aussi rigoureuses que celles édictées par l'OHADA reste un défi essentiel à surmonter.

Ce défi s'amplifie dans un contexte où les économies africaines renforcent leur attractivité et de grands groupes panafricains et internationaux procèdent à des acquisitions dans les secteurs financiers, de l'agro-industrie et des services numériques. Ces groupes, à travers leurs holdings expriment le besoin d'avoir une vue consolidée de leurs activités reparties sur l'ensemble des pays de l'espace OHADA et au-delà. Également, les marchés financiers, et les investisseurs institutionnels exigent une information financière consolidée de qualité pour informer leurs choix d'investissements dans ces grands groupes. Enfin pour les bailleurs de fonds intéressés par le secteur privé tels que la Société Financière Internationale, une information financière consolidée crédible est nécessaire pour arbitrer les décisions d'investissements au profit de ces groupes.

L'Acte Uniforme relatif au Droit Comptable et à l'Information Financière révisée en janvier 2017 – qui a bénéficié de la participation technique de l'auteur comme membre du comité d'expert de la Commission de Normalisation Comptable de l'OHADA – trace les lignes directrices pour répondre à cet enjeu majeur des économies de notre espace. Le présent ouvrage se positionne comme un instrument d'opérationnalisation de ces lignes directrices et apporte une contribution importante sur cet enjeu tout en relevant le défi d'allier la rigueur académique et l'utilité pratique. Il ne se contente pas de transmettre des concepts ; il contextualise, illustre et éclaire avec des exemples, en tenant compte des réalités de l'espace OHADA.

Je ne peux que saluer l'initiative de l'auteur et inviter chaque lecteur à découvrir, avec curiosité et sérieux, le fruit de son travail. Vous trouverez dans ces pages des réponses aux défis quotidiens de la consolidation des comptes, mais aussi une vision claire des enjeux et des opportunités qu'offre l'adoption des normes OHADA.

Avec mon amitié et mon respect,

Ousmane Kolié

Spécialiste Principal du Secteur Public – Responsable des Pays du Sahel Banque mondiale

Diplômé d'Expertise Comptable

Table des matières

TABLE DES ILLUSTRATIONS

LISTE DES TABLEAUX

1. De A à Z, 60 mots et expressions pour comprendre

Acte uniforme de l'OHADA relatif au droit comptable et à l'information financière (AUDCIF) : adopté par le Conseil des Ministres de l'OHADA le 26 janvier 2017 à Brazzaville (Congo), l'Acte uniforme relatif au droit comptable et à l'information financière (AUDCIF) a été publié au Journal Officiel de l'Organisation le 15 février 2017. Il lui est annexé un système comptable commun à tous les États parties composé du plan comptable général et du Dispositif comptable relatif aux comptes consolidés et combinés. Le Chapitre I du Titre II est consacré aux comptes consolidés (articles 74 à 102 de l'AUDCIF).

Actif consolidé : total des actifs d'un groupe, après élimination des transactions intra-groupe. L'actif consolidé représente le patrimoine du Groupe et fournit, à l'instar des comptes consolidés dans leur ensemble, au lecteur externe une vision plus économique de l'activité du Groupe.

Agrégation des balances générales : opération consistant à cumuler les balances générales des entités consolidées par intégration globale et intégration proportionnelle.

Approche centralisée : travaux techniques de la consolidation s'effectuant chez la mère. L'approche centralisée implique une collecte des données comptables directement par la mère, qui procède à la consolidation après retraitements et éliminations appropriés.

Approche décentralisée : travaux techniques de consolidation essentiellement décentralisés dans les filiales. Après l'arrêté des comptes individuels, les filiales procèdent aux différents retraitements, ajustements et éliminations dans leur balance pour obtenir les arrêtés des comptes individuels retraités.

Autonomie d'exploitation : capacité d'une filiale à fonctionner sans dépendre financièrement ou opérationnellement de la société mère. Un Groupe de sociétés est l'ensemble formé par des sociétés unies entre elles par des liens divers qui permettent à l'une d'elles de contrôler les autres, chaque entité dans le Groupe bénéficie d'une autonomie de gestion et d'exploitation.

Base de consolidation : ensemble des entités devant être incluses dans les états financiers consolidés. Également désigné par « périmètre de consolidation », elle correspond à l'ensemble formé par l'entité consolidante (mère) et les entités qu'elle contrôle (exclusif ou conjoint) et sur lesquelles elle exerce une influence notable.

Bonne foi comptable : principe de transparence dans la préparation des comptes consolidés. En application de l'article 6 de l'Acte uniforme de l'OHADA relatif au droit comptable et à l'information financière, l'application du système comptable OHADA implique que l'entité se conforme aux règles et procédures en vigueur en les appliquant de bonne foi.

Consolidation par paliers : dans le cadre de l'existence de sous-groupes, deux démarches sont envisageables pour la réalisation de la consolidation : une consolidation en plusieurs étapes avec consolidation au niveau des sous-groupes, puis consolidation des sous-groupes avec la société consolidante, ou bien une consolidation directe au niveau de la société consolidante. La technique de la consolidation par paliers consiste à consolider successivement des sous-ensembles consolidés dans des ensembles plus grands.

Contrôle : pouvoir d'orienter les politiques financières et opérationnelles d'une entité. L'AUDCIF prévoit et définit le contrôle exclusif, le contrôle conjoint et l'influence notable. En application des dispositions de l'article 74, toute entité, qui a son siège social ou son activité principale dans l'un des États parties et qui contrôle de manière exclusive ou conjointe une ou plusieurs autres entités, doit établir et publier chaque année les états financiers consolidés de l'ensemble constitué par toutes ces entités ainsi qu'un rapport sur la gestion de cet ensemble. Les entités qui n'exercent qu'une influence notable sur une ou plusieurs entités n'ont pas l'obligation d'établir et de publier des comptes consolidés. En revanche, dès lors qu'il y a obligation d'établir des comptes consolidés, les entités sous influence notable sont incluses dans le périmètre de consolidation.

Conversion des devises : processus d'expression des comptes d'une filiale en devise locale dans la devise de consolidation. La conversion des comptes d'une entité étrangère est l'opération par laquelle les comptes de cette entité vont être exprimés dans une monnaie différente de celle qui a servi à les établir. Cette opération de conversion est justifiée par la nécessité, dans le cadre de la consolidation, d'utiliser une même monnaie.

D4C : dispositif comptable relatif aux comptes consolidés et aux comptes combinés. Il forme avec le plan comptable général, le système comptable OHADA. Il est divisé en deux parties : les règles et méthodes relatives aux comptes consolidés et la méthodologie de préparation et de présentation des comptes combinés.

Date d'acquisition : moment où la société mère obtient le contrôle d'une filiale. Cette date va déterminer l'entrée de cette filiale dans le périmètre de consolidation. À cette date, il va être constaté l'écart de consolidation.

Différences de consolidation : écart entre le coût d'acquisition et la part des capitaux propres acquis. L'entrée dans le périmètre de consolidation d'une entité résulte de sa prise de contrôle par l'entité consolidante quelles que soient les modalités juridiques de l'opération. Lors de l'entrée dans le périmètre de consolidation et de la modification des participations ultérieures, un écart de consolidation est calculé.

Différences temporaires : représentent les décalages entre la constatation comptable d'une charge ou d'un produit et son intégration dans le résultat fiscal d'un exercice futur ainsi que les pertes fiscales reportables et les écritures comptables inscrites dans les comptes consolidés.

Différences temporelles : différences entre la base fiscale d'un actif ou d'un passif et sa valeur comptable dans le bilan. La base fiscale d'un actif représente le montant qui sera fiscalement déductible de tout avantage économique imposable qui ira à l'entité lors du recouvrement de la valeur comptable de cet actif. La base fiscale d'un passif représente sa valeur comptable, diminuée de tout montant qui sera fiscalement déductible au titre de ce passif au cours des exercices futurs.

Dispense d'établissement des comptes consolidés : sont dispensés de l'établissement et de la publication d'états financiers consolidés, les ensembles d'entités dont le chiffre d'affaires ne dépasse pas pour chaque exercice, pendant deux exercices successifs, un total hors taxe de 500.000.000 FCFA ou l'équivalent dans l'unité monétaire ayant cours légal dans l'État partie (article 95 AUDCIF).

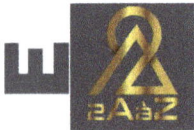

Élimination des opérations intra-groupe : suppression des transactions entre entités consolidées pour éviter les doublons. Les comptes consolidés donnent une vision financière du Groupe, dépouillée de tous les financements et autres transactions entre les entités du Groupe. Les états financiers consolidés permettent de parvenir à une traduction fidèle de la performance et de la situation financière d'un Groupe ainsi que des flux de trésorerie qu'il génère. Par la technique d'élimination des opérations intra-groupe, les comptes consolidés sont ainsi dépouillés des transactions réalisées intra-groupe et permettent d'établir la véritable performance du Groupe avec l'extérieur.

Élimination des titres de participation : remplacement de la valeur comptable des titres détenus par la mère sur les autres entités du périmètre de consolidation par les capitaux propres des entités contrôlés exclusivement et par sa quote-part des capitaux propres des entités contrôlés conjointement ou sur celles sur lesquelles elle a une influence notable. C'est la finalité du processus de consolidation.

Entités contrôlées conjointement : sociétés sous le contrôle partagé de plusieurs parties. Le contrôle conjoint est le partage du contrôle d'une entité en commun par un nombre limité d'associés ou d'actionnaires, de sorte que les politiques financière et opérationnelle résultent de leur accord. Les comptes des entités contrôlées conjointement avec d'autres associés ou actionnaires par l'entité consolidante sont consolidés par intégration proportionnelle.

Exemption : dispense de l'obligation d'établissement de comptes consolidés même quand les conditions légales sont remplies. Sont ainsi dispensées de cette obligation, les entités dominantes de l'espace juridique formées par les États parties qui sont elles-mêmes, sous le contrôle d'une autre entité de cet espace soumise à une obligation de consolidation (article 77 AUDCIF).

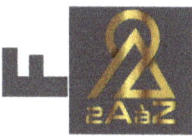

Filiale : entité contrôlée à plus de 50 % par la société mère. Sauf stipulations contractuelles contraires, les filiales sont contrôlées exclusivement par la mère et sont consolidées suivant la technique de l'intégration globale.

Fair value (juste valeur) : valeur marchande actuelle d'un actif ou d'un passif. Suivant les dispositions de l'article 42, alinéas 2 et 3, la valeur actuelle est une estimation du moment qui s'apprécie en fonction du marché et de l'utilité de l'élément pour l'entité. L'utilité de l'élément pour l'entité est à déterminer dans le cadre de la continuité de l'exploitation ou d'utilisation ou le cas échéant, dans l'hypothèse de non-continuité.

Goodwill : écart d'acquisition positif représentant un surcoût lié aux synergies attendues. L'écart de consolidation d'une entité est, en priorité, réparti dans les postes appropriés du bilan consolidé sous forme d'écarts d'évaluation ; la partie non affectée de cet écart est inscrite à un poste particulier d'actif ou de passif du bilan consolidé constatant un écart d'acquisition.

Groupe : ensemble des sociétés consolidées sous le contrôle d'une société mère. Un Groupe de sociétés est l'ensemble formé par des sociétés unies entre elles par des liens divers qui permettent à l'une d'elles de contrôler les autres. Le contrôle d'une société est la détention effective du pouvoir de décision au sein de cette société (articles 173 à 175 de l'Acte uniforme de l'OHADA relatif au droit des sociétés commerciales et du GIE – AUDSCGIE).

Harmonisation comptable ou homogénéisation des règles et méthodes comptables : application uniforme des normes OHADA au sein du groupe. L'homogénéisation des règles et méthodes comptables concerne les retraitements dans les méthodes d'évaluation. Les retraitements d'homogénéisation vont consister à aligner les règles et méthodes comptables utilisées par les entités comprises dans le périmètre de consolidation sur celles utilisées par le Groupe. Exceptionnellement, ces retraitements d'homogénéisation peuvent consister plutôt à aligner les règles et méthodes comptables du Groupe sur celles qui sont majoritairement appliquées par les entités comprises dans le périmètre de consolidation.

Hypothèses de consolidation : postulats de base utilisés pour établir les comptes consolidés. Dans la pratique, chaque entité appartenant au Groupe a l'obligation de tenir une comptabilité et de présenter des états financiers annuels. Toutefois, une juxtaposition de ces états financiers ne permet pas au lecteur externe d'apprécier de façon pertinente, la performance économique et la situation financière de l'ensemble. Par conséquent, il est donc indispensable de concevoir de véritables comptes de groupe dont les bases d'élaboration reposent sur des règles et des méthodes spécifiques.

Impact fiscal : effets de la consolidation sur la charge fiscale du groupe. La Côte d'Ivoire, à l'instar de la plupart des pays de la zone OHADA n'a pas adopté le principe d'une intégration fiscale si bien que l'impôt sur le résultat du Groupe est le cumul des impôts sur le résultat payés par chaque entité constituant le périmètre de consolidation. Aucune compensation entre les pertes et les bénéfices fiscaux n'est opéré au sein d'un Groupe.

Imposition différée : dans les états financiers personnels, seul l'impôt exigible y est comptabilisé. Dans les états financiers consolidés, en sus de l'impôt exigible, l'impôt différé est pris en compte. L'impôt différé est un impôt qui matérialise l'existence d'une dette d'impôt future ou une créance d'impôt future. La comptabilisation des impôts différés consiste à tenir compte, dans l'évaluation de la charge d'impôt sur les bénéfices, des effets fiscaux des différences temporaires, de manière à ce que la charge d'impôt reflète la charge imputable à l'exercice.

Intérêts minoritaires : part des capitaux propres et du résultat net attribuable à des actionnaires extérieurs. Les capitaux propres d'une entité intégrée globalement peuvent être détenus par le Groupe et par d'autres actionnaires minoritaires. Les intérêts minoritaires ne sont pas constatés dans le cas d'une intégration proportionnelle et d'une mise en équivalence.

Justification des méthodes : explication des choix de principes comptables appliqués dans les états consolidés. Un jeu complet des états financiers comprend le bilan, le compte de résultat, le tableau des flux de trésorerie, le tableau de variation des capitaux propres ainsi que les notes annexes et forment un tout indissociable. Les principes comptables appliqués sont décrits dans les Notes annexes. Elles contiennent, par ailleurs, des informations complémentaires à celles présentées dans le reste des états financiers. Elles fournissent des descriptions narratives ou des décompositions d'éléments présentées dans ces états ainsi que des informations relatives aux éléments qui ne répondent pas aux critères de comptabilisation dans ces états.

Key performance indicators (indicateurs clés de performance) : mesures utilisées pour évaluer la santé financière du groupe. Ces indicateurs sont calculés/déterminés à partir des états financiers consolidés et représentent des outils de gestion et de management du Groupe.

Liasse de consolidation ou " consolidation package " : document de reporting préparé par chaque filiale pour centralisation. C'est un outil de collecte qui permet d'obtenir les comptes nécessaires au cumul en consolidation. Son format dépend de la taille et des choix d'organisation des groupes. Elle est à distinguer des états financiers consolidés.

Méthode d'intégration globale : inclusion à 100 % des comptes des filiales contrôlées par la mère. Les entités contrôlées exclusivement par la mère sont consolidées suivant cette technique de consolidation.

Méthode d'intégration proportionnelle : inclusion au prorata de sa participation des comptes des entités contrôlées conjointement. Ces entités sont consolidées suivant cette technique de consolidation.

Méthode de mise en équivalence : la mise en équivalence consiste à substituer à la valeur comptable des titres détenus, la quote-part des capitaux propres, y compris le résultat de l'exercice déterminé d'après les règles de consolidation d'une part, et, à éliminer les opérations et comptes entre l'entité mise en équivalence et les autres entités consolidées d'autre part. Les entités sur lesquelles la mère exerce une influence notable sont intégrées suivant cette technique de consolidation.

Normes OHADA : référentiel comptable applicable dans les 17 pays de l'espace OHADA. Voir Acte uniforme de l'OHADA relatif au droit comptable et à l'information financière ci-dessus.

Niveau de contrôle : critère déterminant le traitement comptable. L'AUDCIF prévoit trois niveaux de contrôles et des techniques de consolidation associées : contrôle exclusif (intégration globale), contrôle conjoint (intégration proportionnelle) et influence notable (mise en équivalence).

Obligations de transparence : exigences réglementaires de publication des états consolidés. Toute entité, qui a son siège social ou son activité principale dans l'un des États parties et qui contrôle de manière exclusive ou conjointe une ou plusieurs autres entités, doit établir et publier chaque année les états financiers consolidés de l'ensemble constitué par toutes ces entités ainsi qu'un rapport sur la gestion de cet ensemble (article 74 AUDCIF). Les états financiers consolidés régulièrement approuvés, le rapport de gestion de l'ensemble consolidé, ainsi que le rapport du commissaire aux comptes font l'objet, de la part de l'entité qui a établi les comptes consolidés, d'une publicité effectuée selon les modalités prévues par l'AUDCIF (Article 101 AUDCIF). Lorsqu'une entité établit des états financiers consolidés, les commissaires aux comptes expriment sur ces états financiers une opinion sur la régularité, la sincérité et l'image fidèle. Les commissaires aux comptes se prononcent également sur la sincérité et la concordance avec les états financiers consolidés, des informations données dans le rapport de gestion (Article 100 AUDCIF).

Opérations intra-groupe : transactions entre entités consolidées devant être éliminées. Voir élimination des transactions intra-groupe.

Partage des capitaux propres : conduit à une présentation distincte, dans les capitaux propres consolidés, des intérêts de l'entité mère et des intérêts minoritaires. Cette étape est essentielle puisqu'elle vise la répartition entre le Groupe et les minoritaires des éléments de capitaux propres.

Périmètre de consolidation : liste des entités incluses dans les états financiers consolidés. Voir base de consolidation.

Pourcentage de contrôle : capacité d'une entité consolidante à contrôler directement ou indirectement une entité susceptible d'entrer dans le périmètre de consolidation. Il est déterminé à partir des droits de vote et non à partir du pourcentage de capital. Il est égal au rapport entre les droits de vote détenus par une entité dans sa filiale et le nombre total de droits de vote.

Pourcentage d'intérêt : fraction du patrimoine détenue directement ou indirectement par la société mère tête de groupe dans chaque entité ; il mesure la part des capitaux propres et celle du résultat revenant directement ou indirectement à la consolidante.

Quote-part : part proportionnelle des résultats d'une entité consolidée par intégration proportionnelle et par mise en équivalence. Le compte de résultat consolidé comprend 1) les éléments constitutifs a) du résultat de l'entité consolidante, b) du résultat des entités consolidées par intégration globale, c) de la fraction du résultat des entités consolidées par intégration proportionnelle, représentative des intérêts de l'entité consolidante ou des autres entités détentrices incluses dans l'ensemble consolidé, et 2) la fraction du résultat des entités consolidées par mise en équivalence, représentative soit des intérêts directs ou indirects de l'entité consolidante, soit des intérêts de l'entité ou des entités détentrices incluses dans l'ensemble consolidé (Article 85 AUDCIF).

Rationalisation de la charge d'impôt : explication du passage du résultat comptable au résultat fiscal en distinguant les différences définitives des différences temporaires génératrices d'impôts différés. La comptabilisation des impôts différés vise à « neutraliser » l'effet sur les résultats futurs du renversement des différences temporelles existantes.

Rattachement des activités : attribution des résultats d'une filiale à la société mère.

Résultat consolidé : somme des résultats des entités du groupe après ajustements. Voir quote-part.

Société mère : entité exerçant le contrôle sur une ou plusieurs filiales. En application de l'AUDCIF, c'est sur elle que pèse l'obligation d'établissement des états financiers consolidés. Encourent une sanction pénale les dirigeants d'entités qui n'auront pas, pour chaque exercice, établi les états financiers consolidés.

Synergies : gains d'efficience obtenus grâce à la consolidation. Lors de la phase de consolidation, l'un des aspects clés à aborder est l'évaluation de la synergie entre deux ou plusieurs sociétés. La synergie fait référence aux avantages qui peuvent être tirés de la combinaison de deux entités et qui sont supérieurs à la somme de leurs parties individuelles. L'évaluation des synergies est une étape cruciale de la phase de consolidation, car elle permet d'identifier les domaines de chevauchement, de duplication et les opportunités potentielles de réduction des coûts, de croissance des revenus et d'efficacité opérationnelle.

Tableaux de flux de trésorerie consolidés : présentation des flux de trésorerie du groupe. Le tableau des flux de trésorerie consolidés présente les entrées et les sorties de trésorerie et d'équivalents classées en trois catégories : flux de trésorerie des activités opérationnelles, flux de trésorerie des activités d'investissement, flux de trésorerie des activités de financement.

Transparence financière : communication claire et fidèle des informations consolidées. Voir obligation de transparence.

Unité de mesure : devise utilisée pour présenter les états consolidés.

Valeur d'acquisition : coût payé pour l'acquisition des titres d'une entité consolidée. Il est comparé à la part des capitaux propres que représentent ces titres pour l'entité consolidante pour déterminer l'écart de consolidation. Voir écart de consolidation.

Variations de périmètre : changements dans la liste des entités consolidées. Cette variation peut se traduire par une augmentation du pourcentage de détention des titres, une diminution ou perte de contrôle sans cession de titres et une diminution ou perte de contrôle en cas de cession de titres.

Workpapers de consolidation : documents de travail détaillant les ajustements effectués. La documentation des travaux de consolidation est essentielle pour les préparateurs et les auditeurs des états financiers consolidés. Les documents physiques et électroniques utilisés dans le cadre des travaux de consolidation sont archivés pendant une durée de 10 ans au sein de l'entité consolidante.

XML reporting : format numérique utilisé pour centraliser les liasses de consolidation.

Yield (rendement) : taux de retour sur investissement consolidé.

Zone OHADA : ensemble des 17 États membres où s'appliquent les normes comptables OHADA. Ces pays sont le Bénin, le Burkina-Faso, le Cameroun, la Centrafrique, la Côte d'Ivoire, le Congo, les Comores, le Gabon, la Guinée, la Guinée-Bissau, la Guinée-Equatoriale, le Mali, le Niger, la République Démocratique du Congo, le Sénégal, le Tchad et le Togo.

Zunon : nom de l'auteur de l'Ouvrage. Marcellin Zunon est Expert-Comptable Diplômé, Il est diplômé de l'ESCA et l'INTEC-CNAM Paris. Il participe activement au développement de la profession comptable dans la zone OHADA. Il a pris part aux différents travaux sur la normalisation comptable (SYSCOHADA, PCB Révisé, CIPRES, PCAMF). Il est actuellement Président Associé de 2AàZ SAS, firme d'audit, d'expertise comptable, de conseil. Dans ce cadre il a accompagné plusieurs groupes dans l'élaboration de leurs états financiers consolidés en IFRS et SYSCOHADA. Il dispose également d'une expérience significative dans l'audit des liasses de consolidation. Il cumule vingt-sept années d'expérience professionnelle qu'il tente de traduire dans cet ouvrage en alliant théorie et pratique de la consolidation des comptes.

2. Principes généraux de la consolidation

2.1 Pourquoi établir des comptes consolidés ?

Prenons un exemple pratique pour éclairer sur la nécessité des comptes consolidés.

2.1.1 Pour commencer - trois ans plus tôt...

Trois années plus tôt, considérons deux sociétés H détenue entièrement par une seule personne morale A et I détenue entièrement par une seule personne morale B. Le capital social d'ouverture de chacune de ces sociétés est de 1.000 UM.

La société I investit l'intégralité des fonds reçus dans une unité industrielle en acquérant des immobilisations corporelles.

La société H, quant à elle, acquiert des titres de participation dans des entités S, I' et B pour respectivement 250 UM, 500 UM et 250 UM dans l'optique de prendre le contrôle de ces entités.

Les bilans d'ouverture des sociétés I et H se présentent comme suit, en UM :

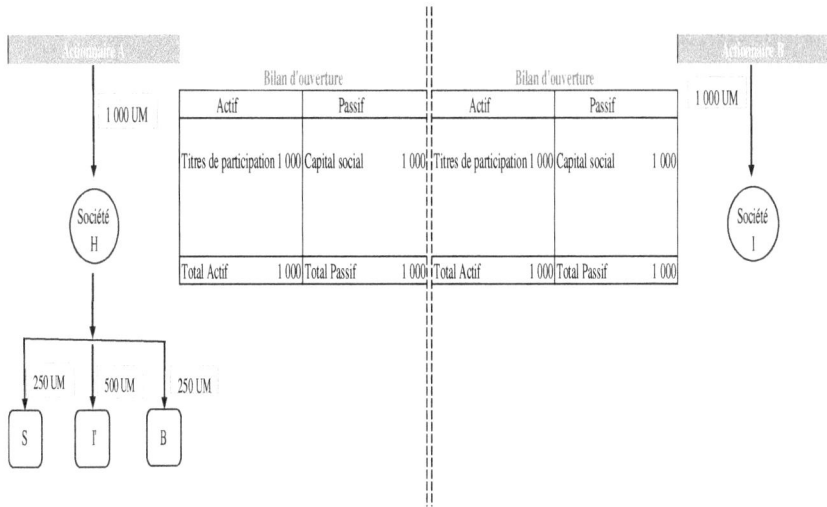

	Bilan d'ouverture			Bilan d'ouverture		
	Actif	Passif		Actif	Passif	
	Titres de participation 1 000	Capital social	1 000	Titres de participation 1 000	Capital social	1 000
	Total Actif 1 000	Total Passif	1 000	Total Actif 1 000	Total Passif	1 000

Au cours des trois années suivantes, les événements qui se sont passés dans les sociétés opérationnelles I, S, I' et B sont résumés comme suit :

- elles ont réalisé des résultats bénéficiaires sur les 3 ans;
- aucune distribution de dividendes n'est intervenue, les résultats bénéficiaires sont portés en réserves;
- la capacité d'autofinancement de chacune des sociétés a été multipliée par trois;
- cette capacité d'autofinancement a été entièrement réinvestie;
- les sociétés opérationnelles n'ont eu recours à aucun financement extérieur autre que des dettes fournisseurs.

2.1.2 Pour commencer - trois ans plus tard…

Les bilans à la clôture du troisième exercice des deux sociétés I et H se présentent comme suit, en UM :

Actionnaire A	Actionnaire B

1 000 UM → Société H

1 000 UM → Société I

Bilan de clôture (Société H)

Actif		Passif	
Titres de participation	1 000	Capital social	1 000
Total Actif	**1 000**	**Total Passif**	**1 000**

Bilan de clôture (Société I)

Actif		Passif	
Immo. Corporelles	2 400	Capital social	1 000
Stocks	300	Réserves yc résultation	1 250
Clients	200	Fournisseurs	500
Disponibilités	100	A. dettes d'exploitation	250
Total Actif	**3 000**	**Total Passif**	**3 000**

La question ultime à laquelle le lecteur du présent ouvrage est invité à répondre est : au vu de la situation bilantielle des deux sociétés, lequel des deux actionnaires A et B s'est le plus enrichi sur les 3 ans d'investissements ?

2.1.3 Pour commencer – transactions intra-groupes

Les transactions intra-groupes intervenues entre les entités du Groupe de la société H sont résumées comme suit :

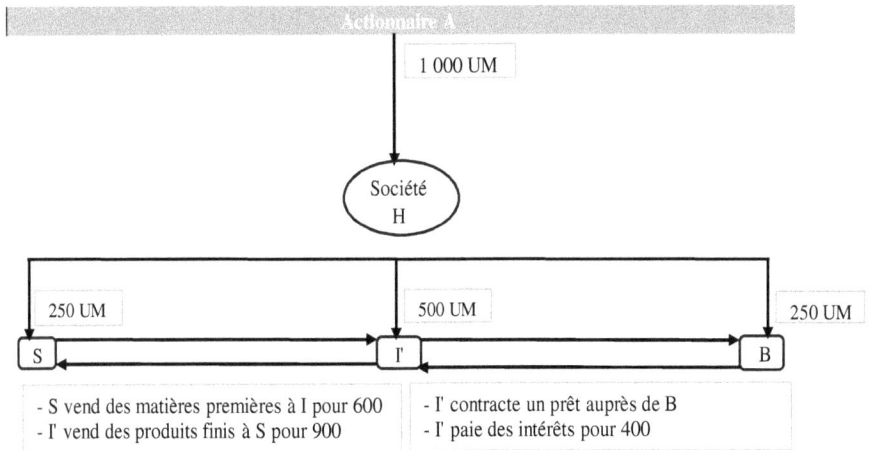

2.1.4 Pour commencer - quel est le compte de résultat du Groupe ?

Le compte de résultat du Groupe peut être appréhendé de ces deux façons :

Charges		Produits	
Achats de matières	600	Chiffres d'affaires	1 500
Achats de produits finis	900	Produits financiers	400
Charges financières	400	Résultat net	0
Total	1 900	Total	1 900

Charges		Produits	
Achats de matières	0	Chiffres d'affaires	0
Achats de produits finis	0	Produits financiers	0
Charges financières	0	Résultat net	0
Total	0	Total	0

2.1.5 Pour commencer – que retenir ?

Il y a une fable[1] qui dit que lorsque l'on pose une question à un Ivoirien, il répond par une question.

À la question de savoir « que retenir », l'on répondra par « pour quoi établir des comptes consolidés ».

C'est l'un des enjeux de cet ouvrage qui se destine aux praticiens, aux enseignants, aux préparateurs et vérificateurs, aux élèves et à toute autre personne qui souhaite en savoir davantage sur la consolidation des comptes. Il se destine à être un manuel pour assister toutes ces parties prenantes ci-dessus identifiées dans la maitrise des règles et de la pratique de la consolidation.

Encadré n°1 : Présentation du cas pratique exposé tout au long de l'ouvrage

La société M (ci-après désignée invariablement par « Groupe », « Mère ») est une holding ivoirienne au capital de 1 000 UM créée depuis 2020 et constituée sous la forme d'une société anonyme avec conseil d'administration qui opère dans le domaine de l'audit, de l'expertise et du conseil.

La société M est enregistrée au registre du commerce de Côte d'Ivoire sous le numéro CI-ABJ-2020-B-xx xxx. Elle est régie par les dispositions de l'Acte

---

[1] Selon le dictionnaire Le Robert, une fable est un « (i) sujet de récit, (ii) récit de fiction exprimant une vérité générale, (iii) petit récit en vers ou en prose, destiné à illustrer un précepte ou (iv) mensonge élaboré »

uniforme de l'OHADA relatif au droit des sociétés Commerciales et du Groupement d'Intérêt Économique ainsi que toutes les dispositions légales et réglementaires en vigueur, et par ses statuts.

Son siège social est situé à l'immeuble CKR Feh Kessé - Bingerville.

M détient 89,5% de la société de droit ivoirien F1 ;

M détient 30% de la société de droit ivoirien F2 ;

M et F1 détiennent respectivement 35% et 30% de la société de droit ivoirien F3 ;

F1 détient 100% de la société de droit ivoirien F4 ;

F1 détient 75% de la société de droit burkinabé F5.

Par ailleurs, les entités du Groupe M détiennent les participations suivantes dans d'autres entités :

	% de détention	Mère
E1	4%	M
E2	33%	F2
E3	100%	F1

2.2 Définitions

Le terme consolidation désigne l'action de regrouper les états financiers de toutes les entités d'un même Groupe comme si elles ne formaient qu'une seule entité économique.

La consolidation est une technique d'élaboration des états financiers d'un Groupe d'entités. Les états financiers consolidés (ou comptes consolidés) représentent les états financiers de synthèse de l'ensemble constitué par toutes les entités retenues dans le périmètre de consolidation. En amont des comptes consolidés, les entités retenues dans le périmètre de consolidation préparent et établissent des états financiers annuels personnels.

Un Groupe de sociétés est l'ensemble formé par des sociétés unies entre elles par des liens divers qui permettent à l'une d'elles de contrôler les autres. Le contrôle d'une société est la détention effective du pouvoir de décision au sein de cette société (articles 173 à 175 de l'Acte uniforme de l'OHADA relatif au droit des sociétés commerciales et du GIE – AUDSCGIE).

L'entité consolidante et les entités consolidées constituent un Groupe. L'entité-tête de groupe ou entité mère - entité consolidante - est celle qui, directement ou indirectement, exerce le contrôle ou une influence notable sur les autres entités qui seront alors à consolider.

L'entité consolidante est l'entité dominante de l'ensemble consolidé. L'entité consolidante prépare et établit également des états financiers personnels (ou états financiers individuels[2]) dans lesquels sa participation dans les filiales et les autres entités sur lesquelles elle exerce une influence notable est enregistré au coût.

Le contrôle exclusif est le pouvoir de diriger les politiques financière et opérationnelle d'une entité afin de tirer des avantages économiques de ses activités.

Le contrôle conjoint est le partage du contrôle d'une entité en commun par un nombre limité d'associés ou d'actionnaires, de sorte que les politiques financière et opérationnelle résultent de leur accord.

L'influence notable est le pouvoir de participer aux politiques financière et opérationnelle d'une entité sans en détenir le contrôle.

2.3 Objectif

Les comptes consolidés s'affranchissent des règles fiscales et juridiques de séparation des patrimoines sur lesquelles reposent les comptes personnels ou individuels pour mettre en avant une vision purement économique. Ils présentent un ensemble d'entités comme s'ils n'en formaient qu'une seule.

Les comptes consolidés ont pour objectif de fournir au lecteur externe une vision plus économique de l'activité, du patrimoine et du résultat d'un ensemble d'entités détenues par une entreprise consolidante.

---

[2] Appellation retenue par les normes internationales IFRS

Ils donnent une image fidèle du patrimoine, de la situation financière et des résultats de l'ensemble consolidé, comme si cet ensemble ne formait qu'une seule entité. Ils donnent également une vision financière du Groupe, dépouillée de tous les financements et autres transactions entre les entités du Groupe. Les états financiers consolidés permettent de parvenir à une traduction fidèle de la performance et de la situation financière d'un Groupe ainsi que des flux de trésorerie qu'il génère.

Conçu dans cette optique unitaire, l'ensemble consolidé doit respecter, pour l'établissement de ses comptes, les règles et conventions comptables retenues en matière de comptes personnels des entités, sous réserve des aménagements indispensables résultant des caractéristiques propres aux comptes consolidés.

2.4   Qui consolide et qui doit être consolidé

2.4.1 *Obligation d'établir des comptes consolidés*

Aux termes des dispositions de l'article 74 de l'Acte uniforme relatif au droit comptable et à l'information financière (AUDCIF), toute entité, qui a son siège social ou son activité principale dans l'un des États parties et qui contrôle de manière exclusive ou conjointe une ou plusieurs autres entités, doit établir et publier chaque année les états financiers consolidés de l'ensemble constitué par toutes ces entités ainsi qu'un rapport sur la gestion de cet ensemble.

Les entités qui n'exercent qu'une influence notable sur une ou plusieurs entités n'ont pas l'obligation[3] d'établir et de publier des comptes consolidés. En revanche, dès lors qu'il y a obligation d'établir des comptes consolidés,

---

[3] Avant la révision du SYSCOHADA intervenue en 2017, il y avait obligation de consolidation lorsqu'une entité contrôle de manière exclusive ou conjointe une ou plusieurs autres entreprises, ou qui exerce sur elles une influence notable. A partir de cette révision, le troisième critère d'influence notable a disparu.

les entités sous influence notable sont incluses dans le périmètre de consolidation.

L'établissement et la publication des états financiers consolidés sont à la charge des organes d'administration ou de direction de l'entité dominante de l'ensemble consolidé, dite entité consolidante (Article 75 de l'Acte uniforme relatif au droit comptable et l'information financière (AUDCIF).

L'obligation de consolidation subsiste même si l'entité consolidante est elle-même sous contrôle exclusif ou conjoint d'une ou de plusieurs entités ayant leur siège social et leur activité principale en dehors de l'espace économique formé par les États-parties. L'identité de cette ou de ces entités est signalée dans les Notes annexes des états financiers personnels de l'entité consolidante de l'espace économique formé par les États-parties ainsi que dans les Notes annexes consolidées (Article 76 de l'Acte uniforme relatif au droit comptable et l'information financière (AUDCIF).

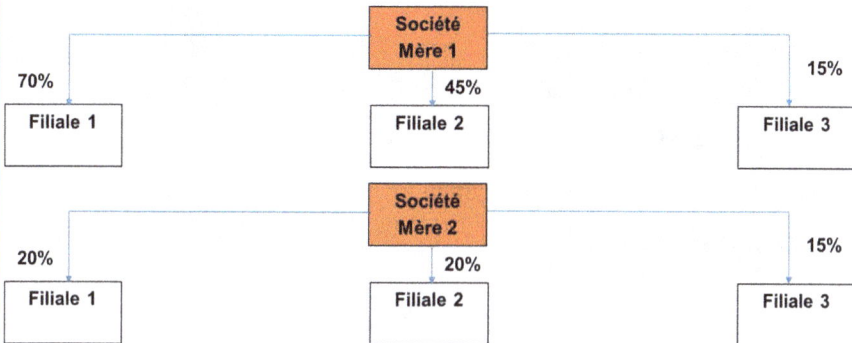

2.4.2 Exemptions (Article 77 de l'AUDCIF)

Les entités dominantes de l'espace juridique formé par les États parties de l'OHADA qui sont, elles-mêmes, sous le contrôle d'une autre entité de cet espace soumise à une obligation de consolidation, sont dispensées de l'établissement et de la publication d'états financiers consolidés.

Toutefois, cette exemption ne peut être invoquée dans les trois cas suivants :

• si les deux entités ont leur siège social dans deux régions différentes de l'espace OHADA ;

- si l'entité fait appel public à l'épargne ;
- si des états financiers consolidés sont exigés par un ensemble d'associés ou d'actionnaires représentant au moins le dixième du capital de l'entité dominante.

Les « régions de l'espace OHADA » s'entendent des ensembles économiques institutionnalisés formés par plusieurs États-parties tels la Communauté Economique et Monétaire de l'Afrique centrale, l'Union Economique et Monétaire Ouest Africaine, la République Démocratique du Congo, les Comores et la Guinée.

Sont dispensés de l'établissement et de la publication d'états financiers consolidés, les ensembles d'entités dont le chiffre d'affaires ne dépasse pas, pendant deux exercices successifs, un total hors taxes de 500 000 000 FCFA ou l'équivalent dans l'unité monétaire ayant cours légal dans l'État partie (art 95, alinéa 1 de l'AUDCIF).

Cette limite est établie sur la base des états financiers arrêtés des deux derniers exercices des entités incluses dans la consolidation (art 95, alinéa 2 de l'AUDCIF).

2.5 Périmètre de consolidation

2.5.1 *Notion de périmètre de consolidation*

On appelle « périmètre de consolidation » l'ensemble des entités dont les comptes sont pris en considération pour l'établissement des comptes du Groupe.

Le périmètre de consolidation regroupe toutes les entités sur lesquelles l'entité consolidante exerce un contrôle exclusif, un contrôle conjoint ou une influence notable, tel que défini par l'Acte uniforme de l'OHADA relatif au droit comptable et à l'information financière. Il est délimité en fonction de la nature et de l'importance des liens existants entre l'entité consolidante et les entités sur lesquelles elle peut exercer un contrôle exclusif, un contrôle conjoint ou une influence notable.

Le périmètre de consolidation va au-delà de l'obligation d'établir des comptes consolidés. Il y a obligation d'établir des comptes consolidés que lorsqu'une entité, qui a son siège social ou son activité principale dans l'un des États parties, contrôle de manière exclusive ou conjointe une ou plusieurs autres entités. Lorsque cette obligation existe, le périmètre de consolidation est alors constitué des entités que cette entité contrôle de manière exclusive ou conjointe et des entités sur lesquelles elle exerce une influence notable.

Ainsi, le périmètre de consolidation est alors constitué de :

- l'entité consolidante ou la mère ;
- les entités sous contrôle exclusif ;
- les entités sous contrôle conjoint ; et,
- les entités dans lesquelles la mère exerce une influence notable.

Il faut souligner que, depuis la révision du SYSCOHADA en 2018, l'obligation de consolidation va au-delà des seules sociétés. Ainsi, peuvent être comprises dans le périmètre de consolidation des entités, même si elles ne sont pas constituées sous la forme juridique de sociétés.

2.5.2 *Différents types de contrôle*

Le dispositif comptable relatif aux comptes consolidés et combinés (D4C) du SYSCOHADA distingue trois types de contrôle de l'entité mère :

- le contrôle exclusif ;
- le contrôle conjoint ;
- l'influence notable.

2.5.2.1 *Le contrôle exclusif – article 78 AUDCIF*

Le contrôle exclusif est le pouvoir de diriger les politiques financière et opérationnelle d'une entité afin de tirer des avantages économiques de ses activités. Ce contrôle résulte :

- soit de la détention directe ou indirecte de la majorité des droits de vote dans une autre entité ;

- soit de la désignation, pendant deux exercices successifs de la majorité des membres des organes d'administration, de direction d'une autre entité ; l'entité consolidante est présumée avoir effectué cette désignation lorsqu'elle a disposé, au cours de cette période, directement ou indirectement, d'une fraction supérieure à quarante pour cent (40%) des droits de vote et qu'aucun autre associé ou actionnaire ne détenait, directement ou indirectement, une fraction supérieure à la sienne ;

- soit du droit d'exercer une influence dominante sur une entité en vertu d'un contrat ou de clauses statutaires, lorsque le droit applicable le permet ; l'influence dominante existe dès lors que, dans les conditions décrites ci-dessus, l'entité consolidante a la possibilité d'utiliser ou d'orienter l'utilisation des actifs de la même façon qu'elle contrôle ses propres actifs.

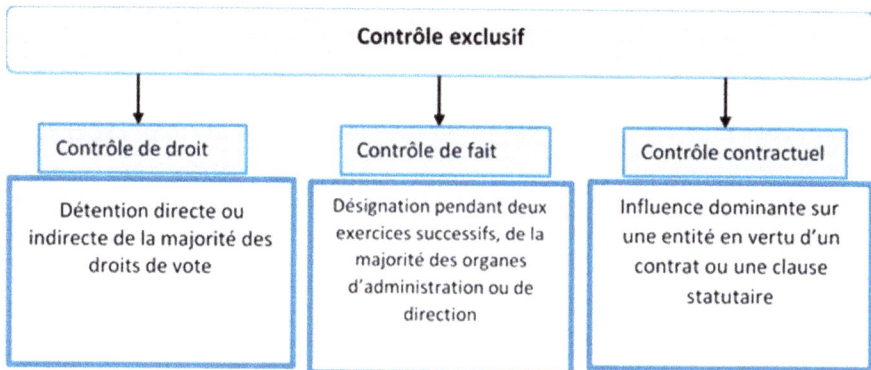

Figure 2-1: Les différents types de contrôle exclusif

Il convient également de souligner, depuis la révision du SYSCOHADA en 2018, la suppression du critère capitalistique dans la définition du contrôle exclusif contractuel ; plus besoin que la société consolidante soit un actionnaire de l'entité pour caractériser le contrôle contractuel.

Les entités que la mère contrôle exclusivement sont consolidées par la technique de **l'intégration globale.**

Dans l'intégration globale, on substitue à la valeur comptable des titres détenus par la mère l'ensemble des actifs et des passifs, éventuellement retraités, constitutifs des capitaux propres de la filiale, y compris la quote-part de résultat de l'exercice qui correspond à ces titres depuis la date d'acquisition. Il y a donc remontée intégrale du patrimoine, avec partage des capitaux propres entre le Groupe et les minoritaires.

2.5.2.2 *Le contrôle conjoint – article 78 AUDCIF*

Le contrôle conjoint est le partage du contrôle d'une entité en commun par un nombre limité d'associés ou d'actionnaires, de sorte que les politiques financière et opérationnelle résultent de leur accord.

Un contrôle conjoint est caractérisé par l'existence :

49

- d'un nombre limité d'associés ou d'actionnaires partageant le contrôle ; le partage du contrôle suppose qu'aucun associé ou actionnaire n'est susceptible à lui seul de pouvoir exercer un contrôle conjoint exclusif en imposant ses décisions aux autres ; l'existence d'un contrôle conjoint n'exclut pas la présence d'associés ou d'actionnaires minoritaires ne participant pas au contrôle conjoint ;
- d'un accord contractuel qui :
  - prévoit l'exercice du contrôle conjoint sur l'activité économique de l'entité exploitée en commun ;
  - établit les décisions qui sont essentielles à la réalisation des objectifs de l'entité exploitée en commun et qui nécessitent le consentement de tous les associés ou actionnaires participant au contrôle conjoint.

Figure 2-2: Les composantes du contrôle conjoint

Les entités que la mère contrôle conjointement sont consolidées par la technique de **l'intégration proportionnelle.**

Dans l'intégration proportionnelle, on substitue à la valeur comptable des titres détenus la fraction représentative du pourcentage d'intérêt détenu dans les actifs et passifs constitutifs des capitaux propres de la filiale. Il y a donc remontée proportionnelle du patrimoine. À la différence de l'intégration globale, il n'y a pas de partage des capitaux propres entre le Groupe et les minoritaires ; la totalité des capitaux propres étant acquise au Groupe.

2.5.2.3 *L'influence notable – article 78 AUDCIF*

L'influence notable est le pouvoir de participer aux politiques financière et opérationnelle d'une entité sans en détenir le contrôle. L'influence notable peut notamment résulter d'une représentation dans les organes de direction, de la participation aux décisions stratégiques, de l'existence d'opération inter-entités importantes, de l'échange de personnel de direction, de liens de dépendance technique.

Pour l'établissement des comptes consolidés, l'entité dominante est présumée exercer une influence notable sur la gestion et la politique financière d'une autre entité si elle détient directement ou indirectement une participation représentant au moins un cinquième (1/5) des droits de vote.

Lorsqu'une entité possède une influence notable dans une autre entité, cette dernière est consolidée selon la méthode de **la mise en équivalence**. Dans cette méthode, on substitue à la valeur comptable des titres détenus la part des capitaux propres de l'entité mise en équivalence.

A l'actif du bilan de l'entité consolidante, il y a création d'une ligne spécifique "Titres mis en équivalence" qui reprend la part des capitaux propres de l'entité consolidée qui revient à l'entité consolidante.

Au passif, les réserves consolidées comprennent les réserves de l'entité consolidante augmentées de la part du capital et des réserves de l'entité consolidée qui revient à l'entité consolidante, et les réserves consolidées sont diminuées de la valeur comptable des titres de participation dans l'entité consolidée. Au passif figure le résultat consolidé composé du résultat de l'entité consolidante et de la part du résultat de l'entité consolidée qui revient à l'entité consolidante.

Au compte de résultat consolidé, il y a création d'une ligne spécifique "Résultat des entités mises en équivalence" qui enregistre la part du résultat de l'entité consolidée qui revient à l'entité consolidante.

En conséquence :

–les actifs, passifs et éléments du compte de résultat de l'entité mise en équivalence **ne sont pas intégrés** alors qu'ils le sont dans les deux méthodes précédentes ;

–il y a **absence d'intérêts minoritaires** dans les capitaux propres et dans le résultat ;

– il n'y a pas d'élimination d'opérations inter - entités.

2.5.3 *Exclusions du périmètre de consolidation – article 96 AUDCIF*

Sont laissées en dehors du périmètre de consolidation, les entités dont la perte de contrôle ou de l'influence notable exercée par l'entité mère peut être démontrée.

L'existence de restrictions sévères et durables remettant en cause, substantiellement, le contrôle ou l'influence qu'exerce une entité mère sur d'autres entités est l'un des critères d'appréciation du contrôle (exclusif ou conjoint) ou de l'influence notable.

En outre, les entités dont l'importance est négligeable par rapport à l'ensemble consolidé peuvent être exclues du périmètre de consolidation.

Toute exclusion de la consolidation d'entités entrant dans les catégories visées au présent article doit être justifiée dans les Notes annexes de l'ensemble consolidé.

2.5.4 *Pourcentage de contrôle du Groupe*

C'est la capacité d'une entité consolidante à contrôler directement ou indirectement une entité susceptible d'entrer dans le périmètre de consolidation. **Il est déterminé à partir des droits de vote et non à partir du pourcentage de capital.** Il est égal au rapport entre les droits de vote détenus par une entité dans sa filiale et le nombre total de droits de vote.

Lorsqu'une entité est détenue directement ou indirectement par l'entité mère et d'autres entités du Groupe, le pourcentage de contrôle de l'entité mère dans cette entité s'obtient en additionnant les pourcentages de contrôle propres à chaque détenteur de titres de cette entité. Cette addition ne peut concerner que les pourcentages de contrôle relatifs aux entités détentrices qui sont elles-mêmes contrôlées de manière exclusive par l'entité mère. Dans le cas contraire, on a une rupture de la chaîne de contrôle.

Le pourcentage de contrôle comporte deux utilités :

- il permet de définir si une entité doit être incluse dans le périmètre de consolidation puisque le pourcentage de contrôle du Groupe doit être en principe au moins égal à 20% ;
- il provoque le choix de la méthode de consolidation puisque le pourcentage de contrôle du Groupe conditionne les types de contrôle.

2.5.5 *Pourcentage d'intérêt*

Le pourcentage d'intérêt correspond à la fraction du patrimoine détenue directement ou indirectement par la société mère tête de groupe dans chaque entité : il mesure la part des capitaux propres et celle du résultat revenant directement ou indirectement à la consolidante.

Le pourcentage d'intérêt se calcule comme suit :

- en cas de liaison directe : le pourcentage d'intérêt est égal au pourcentage de contrôle ;
- en cas de liaison indirecte : pour chaque chaîne, on multiplie les pourcentages de contrôle intermédiaires à l'intérieur d'une chaîne de détention et, en cas de pluralité de chaînes de détention pour une même entité, on additionne les pourcentages obtenus pour chaque chaîne de détention.

Le pourcentage d'intérêt est, par construction, nécessairement différent au-delà de la détention directe du pourcentage de contrôle dès lors que sur toute la chaîne, le pourcentage d'intérêt s'amenuise systématiquement avec l'allongement sauf dans le cas de détention à 100 %.

Le pourcentage d'intérêt permet de calculer la quote-part de capitaux propres de la consolidante dans chacune des entités consolidées.

2.5.6 *Dates d'entrée et de sortie du périmètre de consolidation*

L'entrée d'une entité dans le périmètre de consolidation est effective :

- soit à la date d'acquisition des titres par l'entité consolidante ;
- soit à la date de prise de contrôle ou d'influence notable, si l'acquisition a eu lieu en plusieurs fois ;
- soit à la date prévue par le contrat si celui-ci prévoit le transfert du contrôle à une date différente de celle du transfert des titres.

Une entité sort du périmètre de consolidation à la date de perte de contrôle ou d'influence notable.

2.6 Les méthodes de consolidation

Le D4C prévoit les trois méthodes de consolidations suivantes :

- l'intégration globale ;
- l'intégration proportionnelle ;
- la mise en équivalence.

2.6.1 *Méthode de l'intégration globale – article 80, alinéa 1 AUDCIF*

Les comptes des entités placées sous le contrôle exclusif de l'entité consolidante sont consolidés par intégration globale.

La méthode d'intégration globale permet d'intégrer 100% des éléments des comptes des entités consolidées, tout en distinguant les intérêts des actionnaires minoritaires.

2.6.2 *Méthode de l'intégration proportionnelle – article 80, alinéa 2 AUDCIF*

Les comptes des entités contrôlées conjointement avec d'autres associés ou actionnaires par l'entité consolidante sont consolidés par intégration proportionnelle.

L'intégration proportionnelle consiste à :

- intégrer dans les comptes de l'entité consolidante la fraction représentative de ses intérêts dans les comptes de l'entité consolidée, après retraitements éventuels ; aucun intérêt minoritaire n'est donc constaté ;

- éliminer les opérations et comptes entre l'entité intégrée proportionnellement et les autres entités consolidées.

2.6.3 *Méthode de la mise en équivalence – article 80, alinéa 3 AUDCIF*

Les comptes des entités sur lesquelles l'entité consolidante exerce une influence notable sont consolidés par mise en équivalence.

La mise en équivalence consiste à :

- substituer à la valeur comptable des titres détenus, la quote-part des capitaux propres, y compris le résultat de l'exercice déterminé d'après les règles de consolidation ;
- éliminer les opérations et comptes entre l'entité mise en équivalence et les autres entités consolidées.

Selon cette méthode, la participation est comptabilisée initialement au coût et ajustée par la suite pour prendre en compte les changements de la quote-part de l'investisseur dans l'actif net de l'entité émettrice qui surviennent postérieurement à l'acquisition.

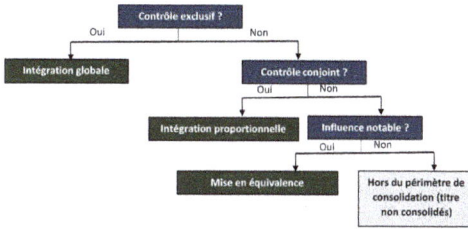

Figure 2-3: Liaisons entre les types de contrôles et les méthodes de consolidation

---

Exercice d'application n°2 : détermination des pourcentages de contrôle et d'intérêt

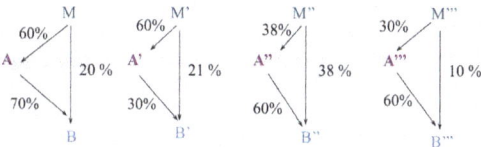

Travail à faire : calculer les pourcentages de contrôle et d'intérêts de M dans B, B', B'' et B'''.

Exercice d'application n°3 : détermination des sociétés entrant dans le

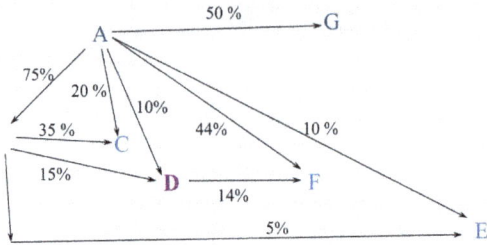

périmètre de consolidation

Travail à faire : déterminer les sociétés entrant dans
le périmètre de consolidation.

N.B : Lorsqu'une entité, faisant l'objet d'un contrôle exclusif, détient une participation dans une autre entité, cette participation est considérée comme appartenant en totalité à l'entité consolidante.

Encadré N°2 : détermination du périmètre de consolidation et de la technique de consolidation du Groupe M

La Société M contrôle de manière exclusive les entités F1, F3, F4 et F5. Elle est donc tenue d'établir des états financiers consolidés.

Le périmètre de consolidation est constitué, outre la société mère, les entités sur lesquelles la société mère détient un contrôle exclusif, conjoint ou exerce une influence notable. Dans le cas d'espèce, le périmètre de consolidation et la technique de consolidation du Groupe M sont les suivants :

Filiales	Sociétés mères		Pourcentage		Technique
En %	M	F1	d'intérêt	de contrôle	Consolidation
F1	89,50%		89,50%	89,50%	IG
F2	30,00%		30,00%	30,00%	MEE
F3	35,00%	30,00%	61,85%	65,00%	IG
F4		100,00%	89,50%	100,00%	IG
F5		75,00%	67,13%	75,00%	IG

IG: Intégration globale
MEE: Mise en équivalence

En application des dispositions de l'article 96, les entités suivantes ont été laissées en dehors du périmètre de la consolidation du Groupe en raison principalement de l'importance négligeable par rapport à l'ensemble consolidé : E2 et E3.

L'entité E1 ne fait pas partie du périmètre de consolidation en raison de l'absence de contrôle sur elle.

3. Démarche de consolidation

On distingue deux approches dans la démarche de consolidation :

- l'approche centralisée ;
- l'approche décentralisée.

3.1 L'approche centralisée

L'approche centralisée implique une collecte des données comptables directement par la mère, qui procède à la consolidation après retraitements et éliminations appropriés. Après la collecte des données utiles aux retraitements et éliminations, les travaux de consolidation sont effectués pour aboutir aux comptes consolidés.

Cette approche est schématisée comme suit :

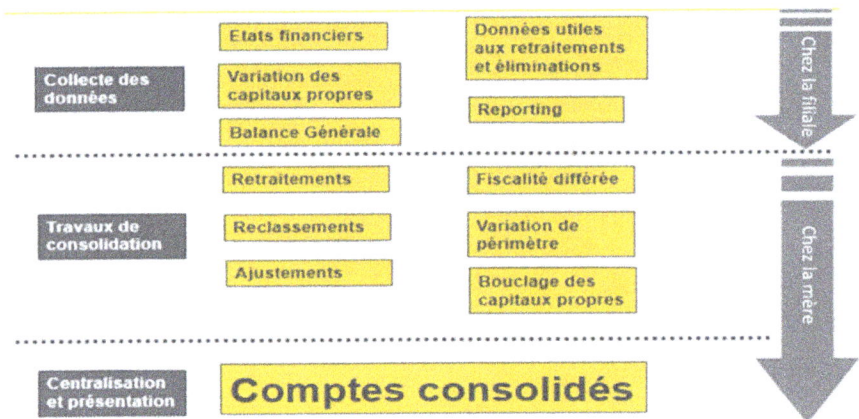

Figure 3-1: Approche centralisée de la consolidation

3.2 L'approche décentralisée

Après l'arrêté des comptes individuels, les filiales procèdent aux différents retraitements, ajustements et éliminations dans leur balance pour obtenir les arrêtés des comptes individuels retraités.

L'entité consolidante effectue ensuite la collecte des données pour procéder à la consolidation.

Cette approche est schématisée comme suit :

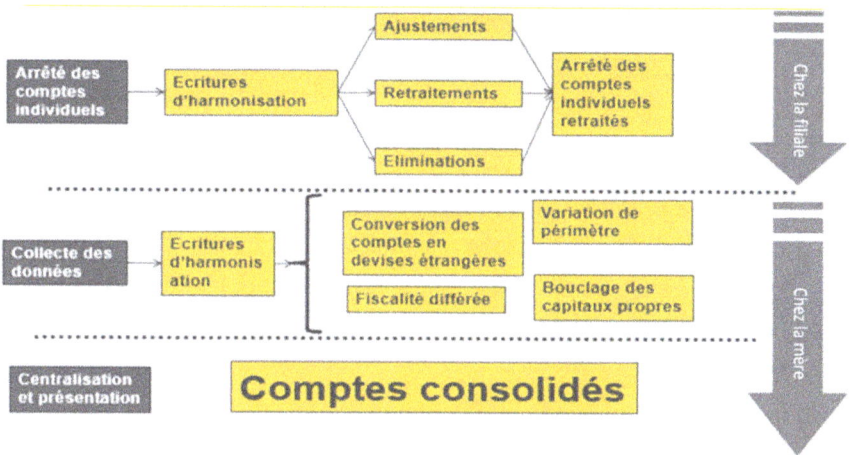

Figure 3-2: Approche décentralisée de la consolidation

3.3 La consolidation par paliers

Compte tenu des liens de participation indirects, l'organisation de la consolidation par paliers peut être jugée nécessaire. La technique de la consolidation par paliers consiste à consolider successivement des sous-ensembles consolidés dans des ensembles plus grands.

Encadré N°3 : démarche de consolidation du Groupe M

Compte tenu des liens de participation indirects, l'organisation de la consolidation par paliers a été jugée nécessaire. La technique de la consolidation par paliers consiste à consolider successivement des sous-ensembles consolidés dans des ensembles plus grands. Deux paliers de consolidation ont été identifiés pour la présente consolidation :

- le palier F1 comprenant les entités F1, F3, F4 et F5;
- le palier M comprenant le sous-groupe F2, F1 et M.

3.4 Les particularités d'une première consolidation

La première consolidation des comptes d'un groupe constitue une étape majeure, tant sur le plan technique que sur celui de la gouvernance. La mise en place d'une consolidation et la production d'informations financières dépassent largement la simple problématique technique, elles constituent un enjeu majeur pour les groupes de sociétés.

Les particularités liées à la production d'une première consolidation sont inhérentes à la mise en place d'un processus nouveau, nécessitant une organisation spécifique et impliquant un nombre important d'interlocuteurs.

Les groupes devant établir des comptes consolidés pour la première fois sont confrontés à des difficultés de plusieurs ordres :

- réflexion en amont sur l'information financière souhaitée ;
- organisation, avec la mise en place d'un processus nouveau, nécessitant des compétences spécifiques et impliquant un nombre important d'intervenants n'ayant pas l'habitude de travailler ensemble (définition des responsabilités techniques, formation, …) ;
- définition des règles comptables du groupe ;
- identification et détermination de l'incidence d'opérations parfois anciennes devant conduire à des retraitements ayant un caractère rétrospectif. Les comptes doivent être établis « comme si » l'entité consolidante avait toujours établi des comptes consolidés ;
- choix de l'outil de consolidation qui doit être mené en lien direct avec l'ensemble du processus.

3.4.1 Enjeux en termes d'information financière souhaitée

Le processus de mise en place de la première consolidation ne peut pas faire l'économie d'une phase préliminaire de réflexion sur l'information financière souhaitée dans laquelle le management doit être pleinement impliquée. Les choix qui en résultent vont structurer l'ensemble de la communication financière du Groupe et avoir une incidence sur les besoins de l'information à collecter auprès des entités consolidées.

Dans ce processus, l'équipe de consolidation doit être à même de présenter au management une vision exhaustive des options et de leurs incidences. Cette phase va couvrir un spectre large allant entre autres du format du compte de résultat, à la définition des agrégats à retenir dans le communication financière (ratios, découpage des activités...) à l'évaluation des engagements (indemnités de fin de carrière, carnet de commandes, contrats en cours...).

Les enjeux vont alors porter sur la qualité de l'information financière, la vision économique de l'ensemble consolidé et la définition des objectifs stratégiques.

3.4.1.1 Qualité de l'information financière

La qualité de l'information financière dans le processus d'une première consolidation doit pouvoir permettre de présenter des états financiers conformes au SYSCOHADA d'une part, et doit pouvoir traduire fidèlement la situation économique et financière du groupe d'autre part.

Cela passe par la formation des équipes au processus de la consolidation suivant le référentiel comptable OHADA et une meilleure compréhension des activités et de l'organisation du Groupe.

3.4.1.2 *Vision économique consolidée*

Le second enjeu d'une première consolidation va consister à mettre en avant les synergies entre les entités composant le périmètre de la consolidation et la compréhension des flux financiers intra-groupe pour apprécier la valeur ajoutée du Groupe dans son environnement socio-économique.

3.4.1.3 *Objectifs stratégiques*

En mettant en place un processus de consolidation, le Groupe va chercher à rassurer les investisseurs et partenaires financiers et faciliter la prise de décision stratégique par le management du Groupe.

3.4.2 *Organisation du processus de consolidation*

La production d'états financiers consolidés nécessite la mise en place d'une organisation adaptée en termes de moyens humains, de documentation et d'organisation de l'information.

Ainsi, les phases de travail suivantes peuvent être envisagées :

- étapes préliminaires : identification des entités concernées par le périmètre de consolidation et définition des méthodes de consolidation applicables (intégration globale, proportionnelle ou mise en équivalence) ;
- planification du projet : création d'un calendrier précis avec des jalons clés, affectation des responsabilités aux différents acteurs du projet (comptables, auditeurs, contrôleurs de gestion).
- formation des équipes : organisation de sessions de formation sur les normes comptables applicables, sensibilisation des collaborateurs aux enjeux de la consolidation.

3.4.3 *Moyens à mettre en œuvre*

Dans le processus de première consolidation, il s'agira de mettre en place des:

- ressources humaines : constitution d'une équipe dédiée avec des compétences spécialisées en consolidation et le cas échéant (fortement recommandé), recours à des consultants externes en cas de besoins techniques complexes ;
- ressources technologiques : acquisition d'un logiciel de consolidation performant et conforme aux réglementations en vigueur et mise en place d'une infrastructure informatique pour centraliser les données.
- budget : prévision des coûts liés au projet, incluant les formations, les outils et les prestations externes et suivi régulier des dépenses pour éviter les dépassements budgétaires.

3.4.4 *Documentation et reporting*

Le processus de documentation et de reporting va inclure les étapes suivantes :

- collecte des données : recensement des états financiers individuels de chaque entité et identification des transactions intra-groupe à éliminer ;
- homogénéisation des méthodes comptables : alignement des méthodes d'évaluation et des pratiques comptables entre les entités du groupe ;
- production des états financiers consolidés : établissement du bilan, du compte de résultat, du tableau des flux de trésorerie et des notes annexes ;
- contrôle et validation : révision par des auditeurs internes ou externes avant publication.

3.4.5 *Retour d'expérience*

Le groupe doit pouvoir tirer profit de l'expérience des autres groupes ayant mis en place un processus de consolidation.

En général, les leçons apprises ont trait à l'importance de la planification en amont pour éviter les retards et à l'identification des principaux défis rencontrés (qualité des données, coordination des équipes, etc.).

Pour y parvenir, les facteurs clés de succès seront relatifs d'une part, à l'implication des parties prenantes à tous les niveaux et d'autre part, à la communication claire et fréquente entre les équipes.

Par ailleurs, le Groupe doit pouvoir mettre en place un processus d'optimisation continue des processus sur le modèle de la roue de Deming ou PDCA. La méthode PDCA[4] est une méthode d'amélioration continue qui présente quatre phases à enchaîner de manière itérative pour améliorer un fonctionnement existant (process, organisation, produit ...). Ce processus doit également intégrer les technologies innovantes (IA, automatisation).

En définitive, la première consolidation représente un véritable défi pour les entreprises, mais elle offre également une opportunité de structurer et d'optimiser leur gouvernance financière. En adoptant une approche rigoureuse et en s'appuyant sur les bonnes pratiques présentées, les groupes peuvent transformer cette obligation en un levier de création de valeur.

---

[4] PDCA pour Plan, Do, Check and Act soit planifier, faire, vérifier et réagir

4. Responsabilité des filiales

4.1 Le respect des délais

Le calendrier des opérations de clôture, d'arrêté, d'approbation et de publication des états financiers annuels est résumé comme suit :

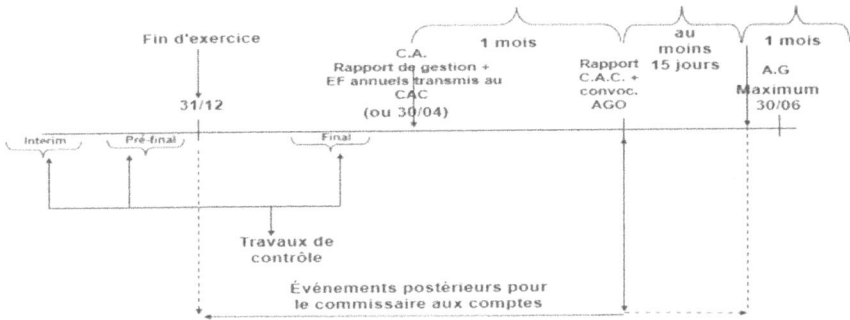

Figure 4-1: Calendrier des opérations de clôture

L'Ordre des Experts-Comptables de Côte d'Ivoire (OEC-CI) a émis le 27 avril 2020, la recommandation n°002/2020-CO-OECCI portant sur le rappel des dispositions du guide d'application des normes professionnelles de l'OHADA (Recommandation). Cette Recommandation indique que « *les commissaires aux comptes de ces entités[5] doivent veiller, sous leur responsabilité, à ce que l'assemblée générale annuelle 2020, appelée à approuver les états financiers annuels clos le 31 décembre 2019, statue sur les états financiers annuels individuels et les états financiers annuels consolidés* ». Il en résulte que c'est la même assemblée générale annuelle de l'entité consolidante qui approuve les états financiers individuels qui approuve également les états financiers consolidés.

---

[5] Il s'agit des entités tenues d'établir des états financiers consolidés en application de l'article 74 de l'AUDCIF

En ce qui concerne l'arrêté des comptes individuels et consolidés, la doctrine[6] admet que rien ne s'oppose à ce que les états financiers individuels et les états financiers consolidés soient arrêtés à des dates différentes. Toutefois, même si ces arrêtés interviennent à des dates différentes, les réunions des différents conseils d'administration devraient intervenir au plus tard le 30 avril de l'année qui suit la date de clôture des états financiers.

Il en résulte que les dates limites prévues par les dispositions de l'AUDSCGIE sont fixées comme suit :

- arrêté des comptes consolidés 30 avril N+1
- approbation des comptes consolidés 30 juin N+1

Il importe pour chaque clôture, d'établir un calendrier d'établissement des comptes consolidés avec des jalons bien identifiés et les implications et les contributions des entités comprises dans le périmètre de consolidation.

Dans le cadre des travaux de consolidation, il incombe aux entités comprises dans le périmètre, autres que la mère, de respecter les délais légaux et statutaires d'une part, et les délais de préparation des données à consolider.

---

[6] Bull CNCC n°123 p.468

4.2 La fiabilité et l'exhaustivité des données

Le Groupe a pour obligation de publier des comptes consolidés réguliers, sincères et qui donnent une image fidèle de son patrimoine, de sa situation financière et de son résultat. Les travaux de consolidation impliquent divers retraitements et il convient de s'assurer que :

- les retraitements portent sur les opérations qui doivent l'être et tous les retraitements sont correctement appréhendés ;

- toutes les éliminations sont faites correctement afin de ne pas biaiser les comptes consolidés publiés ;

- la fiscalité différée est prise en compte pour reconnaître les créances et passifs d'impôts.

Pour cela, il importe pour les entités comprises dans le périmètre de consolidation de :

- comprendre la nécessité, l'objectif de la consolidation et la nature des retraitements qui déterminent les opérations du Groupe qui doivent être reportées ;

- renseigner correctement les liasses ;

- fournir aux commissaires aux comptes et à l'équipe de consolidation au niveau du Groupe toutes les informations pertinentes qui pourraient avoir un impact sur la consolidation ;

- effectuer des réconciliations avec les autres entités du Groupe sur des opérations internes.

5. Travaux de consolidation

5.1. Logigramme récapitulatif des travaux de consolidation

Les logigrammes suivants présentent de façon résumée les principales étapes à suivre pour l'élaboration des comptes consolidés.

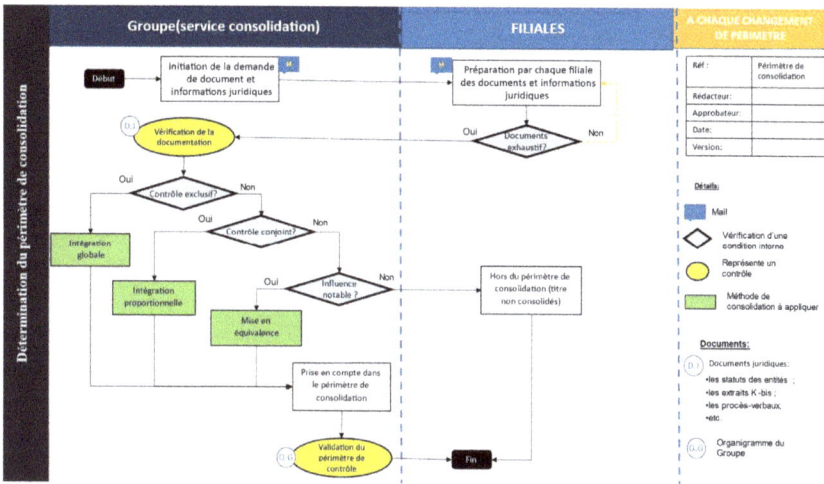

Figure 5-1: Logigramme de détermination du périmètre de consolidation

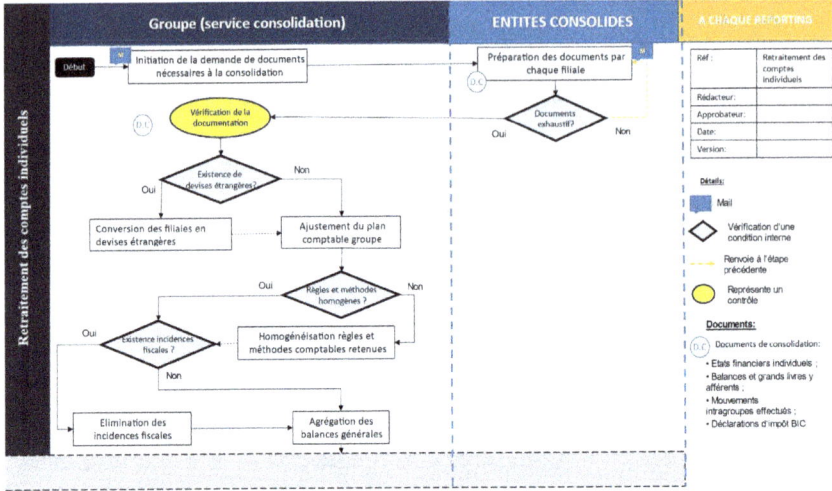

Figure 5-2: Logigramme de retraitement des comptes individuels

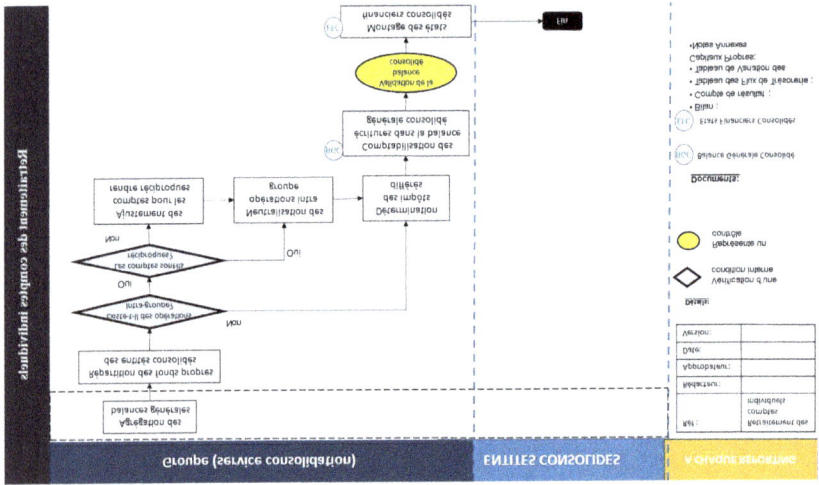

Figure 5-3: Logigramme de retraitement des comptes individuels - suite

5.2. Détermination du périmètre de consolidation et de l'organigramme du Groupe

À cette étape, il convient de définir le périmètre de consolidation tel que précisé ci-dessus. Pour ce faire, les étapes suivantes doivent être respectées.

5.2.1 Recueil de toutes les informations juridiques nécessaires à la compréhension et à la justification de l'actionnariat actualisé des entités du Groupe

L'ensemble des documents et informations juridiques relatifs à l'actionnariat des entités du Groupe doit être mis à disposition. Il s'agit :

- des statuts des entités ;
- des extraits du RCCM ;
- des procès-verbaux des assemblées générales ordinaires et extraordinaires ;
- etc.

Après réception desdits documents, l'on doit présenter la liste exhaustive des entités du Groupe pour une analyse au cas par cas.

5.2.2 Détermination des différents pourcentages de contrôle et d'intérêt des entités du Groupe

Pour la détermination des différents pourcentages de contrôle, la participation au capital seule ne suffit pas. Il faut aussi prendre en compte le critère de contrôle exercé sur l'entité.

De ce fait, il est recommandé une analyse par entité.

5.2.2.1 *Contrôle exclusif*

- **Contrôle exclusif de droit**

Cette catégorie concerne les entreprises pour lesquelles la société mère détient strictement plus de la moitié des droits de vote, indépendamment de sa détention du capital social de la filiale. En d'autres termes, la société mère a la capacité de prendre des décisions cruciales au sein de la filiale.

- **Contrôle exclusif de fait**

Cette catégorie s'applique aux entreprises dans lesquelles la société mère détient plus de 40 % des droits de vote et a nommé les organes d'administration pendant deux exercices consécutifs. Même si la société mère détient un pourcentage de contrôle relativement élevé, il est nécessaire que son implication dans la gestion soit démontrée.

- **Contrôle exclusif conventionnel**

Il s'agit ici de situations où le contrôle exclusif est établi par le biais d'une convention ou d'une clause contractuelle, même si la détention de la société mère est inférieure. Cela se produit lorsque la société mère exerce une influence dominante grâce à des accords formels.

5.2.2.2 *Contrôle conjoint*

Cette catégorie s'applique aux filiales dont l'exploitation est gérée conjointement par plusieurs parties, que ce soit par une exploitation commune ou par l'existence d'un accord contractuel entre les parties prenantes. Dans ces cas, le contrôle n'appartient pas exclusivement à la société mère.

5.2.2.3 *Influence notable*

Cette catégorie regroupe les filiales dont la société mère détient entre 20 % et 50 % des droits de vote. Bien que la société mère n'ait pas un contrôle exclusif, sa participation significative dans la filiale lui confère une influence notable sur les décisions prises.

5.2.3 *Définir les différentes méthodes de consolidation des entités du Groupe*

Comme évoqué plus haut, la méthode de consolidation varie en fonction du degré de contrôle de la société mère sur la filiale. Voici donc les trois méthodes de consolidation qui peuvent être appliquées selon les cas.

5.2.3.1 *L'intégration globale*

L'intégration globale est la méthode de consolidation la plus complète. Elle est utilisée lorsque la société mère exerce un contrôle exclusif sur la filiale. Dans ce cas, l'intégration est dite "globale" car tous les comptes des filiales sont intégrés à 100 %. (cf. point **2.6.1** pour les modalités d'application de la méthode).

5.2.3.2 *L'intégration proportionnelle*

L'intégration proportionnelle est quant à elle une méthode de consolidation utilisée lorsque la société mère ne détient pas le contrôle exclusif de la filiale. Seuls les pourcentages de participation sont pris en compte dans la consolidation. Par exemple, si la société mère détient 25 % de la filiale, seuls

25 % des montants des comptes de la filiale seront associés à cette dernière. (cf. point **2.6.2** pour les modalités d'application de la méthode).

5.2.3.3 *La mise en équivalence*

La mise en équivalence est une méthode de consolidation qui s'applique lorsque la société mère a une influence notable, mais pas un contrôle exclusif ou conjoint sur la filiale. Cette méthode consiste à recalculer la valeur des titres de participation de la filiale pour les inscrire au bilan de la société mère. (cf. point **2.6.3** pour les modalités d'application de la méthode).

5.2.4 *Définir les entités comprises dans le périmètre de consolidation*

Les entités comprises dans le périmètre de consolidation sont les entités sous contrôle exclusif, les entités sous contrôle conjoint et les entités sous influence notable.

5.3 Recueil des informations nécessaires à l'établissement des comptes consolidés

Pour l'établissement des comptes consolidés, il convient d'obtenir auprès des entités comprises dans le périmètre de consolidation, les documents suivants :

- les statuts des entités individuelles ;
- les états financiers individuels SYSCOHADA;
- les balances générales ;
- les mouvements intragroupes effectués ;

- les déclarations d'impôt BIC ainsi que le détail des réintégrations et déductions opérées ;
- les procès-verbaux des assemblées générales ordinaires et extraordinaires ;
- l'état récapitulatif des participations réciproques ;
- l'état récapitulatif des dividendes versés par chaque entité du Groupe ;
- l'état récapitulatif des méthodes appliquées par chacune des entités du Groupe pour la détermination des dotations aux amortissements et provisions, la valorisation des stocks, …
- etc.

5.4   Conversion des filiales en devises étrangères

La conversion des comptes d'une entité étrangère est l'opération par laquelle les comptes de cette entité vont être exprimés dans une monnaie différente de celle qui a servi à les établir. Cette opération de conversion est justifiée par la nécessité, dans le cadre de la consolidation, d'utiliser une même monnaie.

5.4.1   *Définitions utilisées*

- **entreprises étrangères dépendantes** : entreprises dont la gestion est dépendante de l'entité consolidante ;

- **entreprises étrangères autonomes** : entreprises dont la gestion économique et financière est autonome de l'entité mère ;

- **entreprises situées dans les pays à forte inflation** : il s'agit d'entreprises situées dans un pays où l'inflation est à la fois chronique et galopante, généralement lorsque le taux d'inflation sur 3 ans est égal ou supérieur à environ 100% ;

- **cours historique** : cours en vigueur à la date d'acquisition de la filiale.

5.4.2 *Choix des méthodes*

Les méthodes à appliquer sont les suivantes :

- entités dépendantes : **méthode du cours historique** ;

- entités autonomes : **méthode du cours de clôture** ;

- entités situées dans un pays à monnaie fondante : la méthode la plus fréquemment utilisée est celle qui prévoit de corriger les effets de l'inflation au moyen d'indices reflétant les variations générales des prix et de convertir les postes au cours de clôture.

5.4.2.1 *Méthode du cours historique*

a) *Bilan*

Tableau 5-1 : Méthode du cours historique - Bilan

Désignation	Méthodes
Eléments non monétaires	Cours historique
Eléments monétaires (créances, dettes, trésorerie)	Cours de clôture
Comptes de régularisation (Actif/Passif)	Cours historique

b)   Compte de résultat :

Tableau 5-2 : Méthode du cours historique - Compte de résultat

Désignation	Méthodes
Produits encaissés (+)	cours moyen de la période
Charges décaissées (-)	cours moyen de la période
Produits calculés (+)	cours historique
Charges calculées (-)	cours historique
Ecart de conversion (+/-)	montant obtenu par différence

Le résultat de l'exercice n'est pas converti mais est obtenu par une différence entre les actifs et les passifs convertis pour équilibrer le bilan. Le compte de résultat fait ainsi apparaître un écart traité comme des écarts de change ou de conversion.

Cet écart de conversion est affecté au compte de résultat consolidé dans un poste distinct (en charges ou produits financiers). Il appartient exclusivement au Groupe et ne peut faire l'objet d'une quelconque répartition au profit des minoritaires.

5.4.2.2 Méthode du cours de clôture

a) Bilan

Tableau 5-3 : Méthode du cours de clôture - Bilan

Désignation	Méthodes
Capital et réserves	Cours historique ou éventuellement au cours moyen
Résultat	Converti au cours de clôture ou au cours moyen et correspond à celui du compte de résultat après conversion
L'écart de conversion	Calculé par différence
Tous les autres éléments	Cours de clôture

b) Compte de résultat :

Tableau 5-4 : Méthode du cours de clôture - Compte de résultat

Désignation	Méthodes
Produits encaissés (+)	Cours de clôture ou cours moyen
Charges décaissées (-)	Cours de clôture ou cours moyen
Produits calculés (+)	Cours de clôture ou cours moyen
Charges calculées (-)	Cours de clôture ou cours moyen
Ecart de conversion (+/-)	Montant obtenu par différence

Les écarts de conversion sont des réserves consolidées qui appartiennent aussi bien au Groupe qu'aux associées minoritaires. Il faut alors faire la répartition selon le pourcentage d'intérêts détenu pour chaque partie.

5.4.3 *Informations à fournir dans les notes annexes*

Les Notes annexes du Groupe comprennent :

- les écarts de change ou de conversion nets comptabilisés en capitaux propres et accumulés dans une composante distincte des capitaux propres et un rapprochement du montant de ces écarts de change à l'ouverture et à la clôture de l'exercice ;

- les monnaies locales utilisées par chaque filiale et la justification d'une monnaie de présentation différente.

5.5 Retraitement des comptes individuels

5.5.1 *Élaboration d'un plan comptable Groupe*

5.5.1.1 *Création des comptes d'individualisation des comptes de capitaux propres dans les balances générales des entités sur lesquelles la consolidante exerce un contrôle exclusif ou conjoint, y compris la consolidante elle-même*

Ces comptes sont créés dans le processus de la consolidation pour faciliter l'agrégation des balances des entités comprises dans le périmètre de consolidation.

Les comptes à 6 positions doivent être créés dans la balance de chaque entité (mère et les différentes filiales) sur lesquelles la consolidante exerce un contrôle exclusif ou conjoint avant l'agrégation des balances. Les comptes correspondant dans la balance individuelle de chaque entité comprise dans le périmètre doivent être soldés par la contrepartie de ces comptes de sorte à pouvoir identifier, après le processus d'agrégation des balances, les comptes de capital de chaque entité.

A l'issue du processus d'agrégation des balances des entités comprises dans le périmètre (hors entités consolidés par mise en équivalence), ces comptes à 6 positions ne devraient plus figurer dans la balance consolidée après les écritures de retraitement. Seuls doivent subsister les comptes de capital à 4 positions.

La liste des comptes d'individualisation des comptes de capitaux propres figure en **annexe 1**.

5.5.1.2   *Création de comptes spécifiques dans les balances individuelles*

Ces comptes doivent être créés dans la balance générale des entités soumises au contrôle exclusif ou conjoint. Ils serviront à comptabiliser les écritures spécifiques de préparation des comptes consolidés.

La liste des comptes spécifiques figure en **annexe 2**.

5.5.1.3   *Création de comptes spécifiques dans la balance agrégée*

Ces comptes doivent être créés dans la balance agrégée tenant compte des soldes des entités soumises au contrôle exclusif ou conjoint. Ils serviront à comptabiliser les écritures spécifiques de préparation des états financiers consolidés.

La liste des comptes spécifiques figure en **annexe 3**.

5.5.2 *Homogénéisation des règles et méthodes comptables retenues*

L'homogénéisation des règles et méthodes comptables concerne les retraitements dans les méthodes d'évaluation. Il doit cependant être fait application de la notion d'importance relative.

En principe, les méthodes d'évaluation retenues dans les comptes individuels, par suite de décisions de gestion, n'ont pas à être remises en cause lors de la consolidation. Il existe cependant trois motifs de justification d'une telle remise en cause :

- nécessité d'obtenir l'homogénéité dans les méthodes d'évaluation au niveau du Groupe ;

- rétablissement de méthodes comptables qui n'ont pas été suivies dans les comptes individuels pour des raisons d'optimisation fiscale ;

- volonté de présenter des comptes consolidés conformes aux principes du SYSCOHADA.

Les retraitements d'homogénéisation vont consister à aligner les règles et méthodes comptables utilisées par les entités comprises dans le périmètre de consolidation sur celles utilisées par le Groupe.

Exceptionnellement, ces retraitements d'homogénéisation peuvent consister plutôt à aligner les règles et méthodes comptables du Groupe sur celles qui sont majoritairement appliquées par les entités comprises dans le périmètre de consolidation. Dans ce cas, le Groupe et les autres entités qui n'appliquent pas ces règles et méthodes comptables généralement appliquées devront s'y aligner.

Les retraitements d'homogénéisation doivent être limités aux retraitements significatifs. Ils doivent être appliqués pour toutes les entités consolidées.

Les retraitements d'homogénéisation portent généralement sur :

- les amortissements et dépréciations d'immobilisation ;
- l'évaluation des stocks ;
- les écarts de conversion actif et passif ; et
- la réévaluation des immobilisations.

5.5.2.1   *Amortissements et dépréciation des immobilisations*

L'amortissement consiste pour l'entité à répartir le montant amortissable du bien sur sa durée d'utilité selon un plan prédéfini.

La durée d'utilité est définie en fonction de l'utilité attendue de cet actif pour l'entité. Tous les facteurs suivants sont pris en considération pour déterminer la durée d'utilité d'un actif :

- l'usage attendu de cet actif par l'entité, évalué par référence à la capacité ou à la production physique attendue de cet actif ;
- l'usure physique attendue dépendant notamment des cadences de production et de la maintenance ;
- l'obsolescence technique ou commerciale découlant de changements ou d'améliorations dans la production ou d'une évolution de la demande du marché pour le produit ou le service fourni par l'actif ;
- les limites juridiques ou similaires sur l'usage de l'actif, telles que les dates d'expiration des contrats de location.

Les retraitements consisteront à calculer les amortissements ou les dépréciations conformément aux durées et modes d'amortissement retenus par le Groupe.

5.5.2.2 *Évaluation des stocks*

Les retraitements à opérer vont consister à évaluer les stocks selon la méthode adoptée par le Groupe.

5.5.2.3 *Écart de conversion actif et passif*

Les retraitements consisteront à éliminer au bilan, le compte écart de conversion actif et de la provision pour perte de change et/ou pour risque à court terme et au compte de résultat, à reclasser la dotation aux provisions ou charge pour provisions au compte de perte de change.

S'agissant des écarts de conversion passif, les retraitements consisteront à les annuler au bilan et à constater en lieu et place un produit financier.

5.5.2.4 *Réévaluation des immobilisations*

Dans l'hypothèse où l'une des entités du périmètre de consolidation a procédé à une réévaluation libre ou légale, il convient :

- soit d'éliminer l'incidence de la réévaluation des comptes de l'entité qui a procédé à la réévaluation que cette entité soit l'entité mère ou une de ses filiales

- soit de procéder à la réévaluation de toutes les autres entités consolidées dans un souci d'homogénéisation.

Le choix de l'option doit être guidé par la nécessité de fournir une meilleure information financière compte tenu des évolutions intervenues. Le choix retenu doit être appliqué de manière permanente sauf si un changement exceptionnel est intervenu dans la situation du Groupe ou dans le contexte économique, industriel ou financier.

Lorsque le Groupe opte pour une élimination de l'incidence d'une réévaluation des comptes de l'entité concernée, les retraitements à opérer sont les suivants :

- annulation de l'augmentation de la valeur des immobilisations corporelles et financières ;
- diminution de la dotation aux amortissements ;
- annulation de la charge d'impôt par la constatation (d'impôt différé actif) si les plus-values latentes d'impôts ont été imposées ;
- constatation de l'impact de ces corrections nettes d'impôts sur le résultat consolidé, les réserves consolidées et les intérêts minoritaires.

À contrario, pour les besoins de la consolidation, l'ensemble des comptes des entités du périmètre devront faire l'objet de réévaluation.

5.5.3 *Élimination de nature fiscale*

Ces retraitements sont destinés à éliminer l'incidence sur les comptes des écritures passées pour la seule application des législations fiscales du pays où se situe l'entité.

Ils consistent à :

- éliminer les provisions réglementées ;
- reclasser les subventions d'investissements ; et
- éliminer les écritures liées à la comptabilisation des changements de méthodes dans le compte de résultat.

5.5.3.1   *Élimination des provisions réglementées*

Les retraitements consistent à contre-passer les écritures enregistrées dans les comptes individuels.

L'incidence des éliminations concernant l'exercice est constatée dans le résultat et les éliminations concernant les exercices antérieurs sont constatées en réserves.

L'élimination des provisions réglementées génère la comptabilisation d'impôts différés.

5.5.3.2   *Reclassement des subventions d'investissements*

Le retraitement consiste à effectuer un reclassement du compte de capitaux propres au compte de produits constatés d'avance.

Les montants constatés au compte de résultat sont inchangés, il n'y a ni incidence sur le résultat, ni impôt différé.

5.5.3.3 Les changements de méthodes comptables

Dans le cas des changements de méthodes comptables, quel que soit l'incidence sur les exercices antérieurs, l'impact d'un changement de méthode comptable doit être porté en report à nouveau.

Le retraitement consistera donc à reclasser les charges éventuellement comptabilisées en report à nouveau net d'impôt.

5.5.4 Agrégation des balances générales

Lorsque les retraitements prévus aux points 5.5.2 et 5.5.3 ont été effectués, il convient de procéder à l'agrégation des balances.

En pratique, ces travaux consistent à cumuler les soldes des balances des entités comprises dans le périmètre de consolidation selon la méthode suivante :

- entités sous contrôle exclusif : cumul exhaustif de tous les soldes des balances des entités sur lesquelles la société mère exerce un contrôle exclusif ;

- entités sous contrôle conjoint : cumul exhaustif de tous les soldes des entités concernées suivant le pourcentage de détention. En l'espèce, aucune entité n'est contrôlée conjointement par l'entité consolidante et une autre entité ;

- mise en équivalence : les soldes de la balance des entités concernées ne devront pas être cumulés avec les balances des autres entités du Groupe. À la valeur comptable des titres détenus par l'entité consolidante sera substituée la quote-part des capitaux propres, y compris le résultat de l'exercice déterminé d'après les règles de consolidation ci-dessus.

5.6 Les impositions différées

5.6.1 *Principes*

Selon les dispositions comptables du SYSCOHADA applicables aux états financiers personnels, l'impôt sur les bénéfices comptabilisé au compte de résultat est celui qui apparaît sur la déclaration fiscale et dont la liquidation intervient définitivement au cours de l'année qui suit la réalisation des bénéfices.

L'impôt exigible est donc le montant des impôts sur le résultat payables (recouvrables) au titre du bénéfice imposable (d'une perte fiscale) d'un exercice. Le bénéfice imposable (perte fiscale) est égal au résultat net d'un exercice déterminé selon les règles établies par l'Administration fiscale et sur la base desquelles l'impôt sur le résultat doit être payé (recouvré).

Cette méthode, dite de **l'impôt exigible,** ne permet pas d'affecter à l'exercice considéré la charge d'impôt qui lui incombe, déterminée selon le principe de rattachement des charges et des produits à la période comptable appropriée. L'assiette de l'impôt s'obtient en rapportant au bénéfice comptable, différentes corrections prévues par la législation fiscale. Certains de ces ajustements sont à caractère définitif et aboutissent à une augmentation ou à un allégement **irréversible** du taux effectif d'impôt : il s'agit des différences **permanentes**. Les autres ajustements appelés **différences temporaires** sont réversibles et donneront lieu à des corrections symétriques de sens inverse au cours des années ultérieures.

L'impôt différé est un impôt qui matérialise l'existence d'une dette d'impôt future ou une créance d'impôt future.

La comptabilisation des impôts différés consiste à tenir compte, dans l'évaluation de la charge d'impôt sur les bénéfices, des effets fiscaux des différences temporaires, de manière à ce que la charge d'impôt reflète la charge imputable à l'exercice.

5.6.2 *Sources d'impôts différés*

L'incidence de la fiscalité différée en consolidation trouve son application dans quatre domaines essentiels.

5.6.2.1 *Décalages temporaires existant dans les comptes individuels*

Dès lors qu'apparaît un décalage temporaire entre le résultat fiscal et le résultat comptable, un différé d'imposition est enregistré dans les comptes. Si, par exemple, une provision n'est pas déductible temporairement dans les comptes, ce décalage a pour conséquence de comptabiliser la provision et la charge fiscale qui en découle. Ces décalages temporaires peuvent être classés en 4 grandes catégories :

- les charges comptabilisées et temporairement non déductibles (réintégrations): ces écarts conduisent à payer des impôts d'avance : c'est le cas des dettes provisionnées pour congés payés par exemple, des provisions pour dépréciation des stocks, des clients et débiteurs douteux que l'entité a, par prudence, réintégrées fiscalement lors de leur constitution, les provisions pour départ à la retraite du personnel, les provisions pour pertes de change ;

- les charges déduites fiscalement et non comptabilisées (les déductions): ce sont principalement les écarts de conversion actif qui correspondent à des pertes de change latentes et les provisions antérieurement taxées et reprises au cours de l'exercice. Ces charges doivent donner lieu à des dettes d'impôt (impôt différé passif) ;

- les produits taxés et non comptabilisés (réintégrations): on y trouve principalement les écarts de conversion passif correspondant à des plus-values latentes. Un impôt payé d'avance doit être constaté sur ce type d'opération ;

- les produits comptabilisés et non taxés (déductions).

5.6.2.2 *Décalages nés de l'élimination des incidences fiscales*

Les retraitements nécessaires à l'homogénéisation des méthodes d'évaluation donnent lieu à un ajustement de la charge d'impôt dans les cas où ils influencent les résultats consolidés. Il en est de même pour les retraitements résultant de l'élimination de l'incidence des législations fiscales (provisions pour hausse des prix, provision pour fluctuation des cours, amortissements dérogatoires, provisions pour stock de sécurité).

a) Provisions réglementées

Bien que reconnus comme des passifs, les provisions règlementées sont constituées uniquement en application de dispositions légales notamment fiscales et ne correspondent ni à un risque ni à une charge future.

Pour les besoins de la consolidation, les retraitements consistent à contre-passer les écritures enregistrées dans les comptes individuels. L'incidence des éliminations concernant l'exercice et tenant compte de l'impôt différé est constatée dans le résultat et les éliminations concernant les exercices antérieurs sont constatées en réserves.

b) Amortissements dérogatoires

L'amortissement dérogatoire constitue la fraction d'amortissement qui ne correspond pas à l'objet normal d'un amortissement économique et comptabilisé en application de textes juridiques ou fiscaux.

Les amortissements dérogatoires peuvent résulter d'une différence liée à :

- la durée d'amortissement ;
- la base amortissable ;
- le mode d'amortissement ;

Les amortissements dérogatoires sont classés en provisions réglementées et traités comme telles. Ils sont donc assimilés à des provisions réglementées.

De ce fait et pour les besoins de la consolidation, les retraitements à effectuer sont les mêmes que ceux afférents aux provisions réglementées.

c) Reclassement des subventions d'investissement

Le retraitement consiste à effectuer un reclassement du compte de capitaux propres au compte de produits constatés d'avance.

Les montants constatés au compte de résultat sont inchangés, il n'y a ni incidence sur le résultat, ni impôt différé.

5.6.2.3   *Déficits fiscaux reportables et amortissement réputés différés*

Les déficits fiscaux reportables et les amortissements réputés différés fiscalement sont générateurs d'économie d'impôt dès lors que la récupération est probable. Le caractère probable de la récupération doit s'apprécier à l'aide de critères objectifs définis préalablement et permanents dans le temps. Les critères sont non limitatifs et peuvent être classés en deux catégories :

a) Critères favorables :
- déficits accidentels,
- situation de récupération systématique des déficits dans le Groupe,
- déficits occasionnels compensés par des données prévisionnelles bénéficiaires,
- déficits ayant pour origine des opérations dont la régularisation entraînera un résultat taxable dans un proche avenir.

b) Critères défavorables :

- déficits fiscaux perdus dans les exercices antérieurs,

- déficits fiscaux à répétition,

- pertes fiscales prévisibles,

- délai de récupération des déficits trop longs.

Les critères défavorables conduisent à ne pas traduire d'actif d'impôt relatif aux déficits reportables concernés. Si les critères définis concrètement par le Groupe apparaissent à nouveau favorables, l'actif d'impôt correspondant aux déficits fiscaux est constaté pour sa valeur totale. Inversement, l'actif d'impôt relatif à des déficits fiscaux reportables doit être considéré comme une charge dès lors que les critères favorables à la récupération ne sont plus remplis.

5.6.2.4 *Décalages nés de l'élimination des résultats internes*

a) Cessions internes de stocks

Pour les besoins de la consolidation, le résultat sur les cessions internes de stocks devra être annulé.

b) Cessions internes d'immobilisations

Pour les besoins de la consolidation, le résultat constaté par une entité du périmètre sur les cessions internes d'immobilisation devra être annulé.

c) Distributions internes de dividendes

Pour les besoins de la consolidation, les distributions de dividendes entre entités du périmètre devront être annulées.

5.6.3 *Évaluation des impôts différés*

La méthode du report d'impôt vise à calculer l'impôt correspondant au résultat économique de l'exercice. Cette méthode, différente de la méthode de l'impôt exigible, cherche à corriger les distorsions existantes entre le résultat comptable et le résultat fiscal. L'impôt ainsi comptabilisé correspond à celui que l'entreprise ou le Groupe aurait payé si :

- les retraitements ou les éliminations avaient été comptabilisés dans les états financiers ;

- il n'était pas tenu compte des décalages temporaires entre les règles comptables et les règles fiscales ;

- les déficits fiscaux étaient considérés comme un actif d'impôt comptabilisé comme tel.

L'évaluation des impôts différés est effectuée selon la méthode du report variable. Les impositions différées sont ajustées en fonction des changements de taux d'impôt. L'effet des variations de taux d'impôt affecte le compte de résultat sauf s'il se rapporte à des éléments précédemment enregistrés dans les capitaux propres.

L'évaluation des actifs et passifs d'impôt différé doit refléter les conséquences fiscales qui résulteraient de la façon dont l'entité s'attend à la fin de l'exercice à recouvrer ou régler la valeur comptable de ses actifs et passifs.

L'actualisation des actifs et passifs d'impôt différé est interdite.

Par ailleurs, un impôt différé actif doit être comptabilisé au titre de ces différences temporelles déductibles dans la mesure où il est probable :

- que la différence temporelle s'inversera dans un avenir prévisible ; et
- qu'il existera un bénéfice imposable sur lequel pourra être imputée la différence temporelle

5.6.4 *Rationalisation de la charge d'impôt*

La comptabilisation des impôts différés vise à « neutraliser » l'effet sur les résultats futurs du renversement des différences temporelles existantes.

La rationalisation de la charge d'impôt consistera alors à expliquer le passage du résultat comptable au résultat fiscal en distinguant les différences définitives de différences temporelles génératrices d'impôts différés. Elle permettra ainsi de rapprocher le taux d'imposition nominal du taux d'imposition effectif qui sera alors le rapport entre la charge d'impôt payée et le résultat comptable avant impôt suivant la démarche exposée ci-dessous :

Résultat net	(1)
Impôt BIC	(2)
Résultat comptable avant impôt	(3)=(1)+(2)
Taux d'imposition effectif	(2)/(1)
Résultat comptable avant impôt	**(3)**
Réintégration temporaires	(4)
Provisions non déductibles	
Déductions temporaires	(5)
Provisions antérieurement taxées	
Déduction article 110	
Autres déductions	
Total ajustements temporaires	*(6)=(4)+(5)*
Réintégration permanentes	(7)
Impôt non déductibles	
Autres charges non déductibles	
Déductions permanentes	(8)
Produits financiers	
Total ajustements définitifs	*(9)=(7)+(8)*
Résultat fiscal	**(10)=(3)+(6)+(9)**
Taux d'impôt nominal	(11)=(2)/(10)

5.6.5 *Informations à fournir dans les notes annexes*

Les éléments suivants doivent être présentés séparément :

- principales composantes de la charge (ou du produit) d'impôt ;

- total de l'impôt exigible et différé relatif aux éléments débités ou crédités dans les capitaux propres,

- montant de l'impôt relatif à chaque élément du compte de résultat

- explication de la relation entre la charge (ou le produit) d'impôt et le bénéfice comptable en précisant les taux applicables et la base du calcul de l'impôt ;

- explication des changements de taux d'impôt applicables par rapport à l'exercice précédent

- montant et date d'expiration éventuelle des différences temporelles déductibles, pertes fiscales et crédit d'impôts non utilisés pour lesquels aucun impôt différé actif n'a été comptabilisé au bilan

---

Encadré N°4 : rapprochement des comptes de résultat du Groupe M

Le processus de consolidation consiste à cumuler les états financiers personnels des entités comprises dans le périmètre de consolidation.

Le tableau suivant présente la réconciliation entre les résultats des états financiers personnels et le résultat net consolidé du Groupe, en FCFA :

Libellé
Résultat des entités du périmètre tels qu'ils ressortent des états financiers personnels
M
F1
F2
F3
F4
F5
Sous-total cumul des résultats des entités intégrées
Constatation de l'imposition différée non enregistrée dans les états financiers pers,
Annulation de la provision pour dépréciation des titres F5
Annulation de la provision pour dépréciation des titres F3
Résultat net consolidé
Part Groupe
Part minoritaires

5.7 Élimination des titres des filiales consolidées et partage de leurs capitaux propres

5.7.1 *Élimination des titres de participation*

Les actifs et passifs des entités intégrées dans le périmètre de consolidation ont été, après retraitements et éliminations, repris totalement (cas de l'intégration globale) ou partiellement (cas de l'intégration proportionnelle).

Les titres de participation des entités consolidées qui figurent à l'actif du bilan de l'entité consolidante doivent être éliminés.

5.7.1.1 *La notion d'intérêts minoritaires*

Les capitaux propres d'une entité intégrée globalement peuvent être détenus par le Groupe et par d'autres actionnaires minoritaires. Les intérêts minoritaires ne sont pas constatés dans le cas d'une intégration proportionnelle et d'une mise en équivalence.

Au bilan, la part des capitaux propres revenant aux autres actionnaires constitue une dette du Groupe présentée distinctement au passif du bilan et appelée "Intérêts minoritaires".

La part du résultat de la période de consolidation revenant aux autres actionnaires est présentée distinctement au compte de résultat consolidé (résultat imputable aux minoritaires).

5.7.1.2 *Processus d'élimination des titres*

À cette étape, il convient de procéder à l'élimination du bilan consolidé des titres des entités consolidées.

5.7.2 *Partage des capitaux propres*

Le partage des capitaux propres conduit à une présentation distincte, dans les capitaux propres consolidés, des intérêts de l'entité mère et des intérêts minoritaires. Cette étape est essentielle puisqu'elle vise la répartition entre le Groupe et les minoritaires des éléments de capitaux propres.

Les capitaux propres ainsi à partager concernent les capitaux propres des entités intégrées globalement. Ce partage ne porte donc pas sur les capitaux propres de la consolidante ou de la mère. Ses capitaux propres sont présentés dans la rubrique « Réserves part groupe ».

Elle comprend les différentes phases ci-après :

- **Entités sous contrôle exclusif**

  o Analyse préliminaire

Une analyse préliminaire des capitaux propres des filiales intégrées globalement est nécessaire avant le partage desdits capitaux propres. Elle s'effectue suivant la démarche ci-après :

- vérifier que le total des capitaux propres (résultat y compris) de chaque filiale est positif. Dans l'affirmative, procéder au partage des capitaux propres suivant les règles habituelles (*voir démarche ci-après*) et cela même si le résultat de la filiale est négatif. A contrario, dans l'hypothèse où les capitaux propres de la filiale sont négatifs, aucun partage des capitaux propres ne doit être effectué. Les pertes n'étant imputables qu'au groupe.

- vérifier que l'annulation des titres (imputation sur les réserves groupes) rend lesdites réserves négatives. Dans l'affirmative, l'écart négatif relevé signifie que la quote-part du Groupe dans les capitaux propres de la filiale est inférieure à la valeur nominale des titres détenus par le Groupe. Cet écart négatif correspond en réalité à un fonds commercial (Goodwill) qui doit être comptabilisé en lieu et place des réserves Groupe.

Nota :

Pour l'appréciation entre « fonds commercial » ou « réserves Groupe » à comptabiliser, il faut tenir compte des réserves totales part du groupe (cumul des réserves part groupe de toutes les entités consolidés) hors capitaux propres de la mère ou de la consolidante et des participations de toutes les filiales détenues par le Groupe.

o Démarche

Une fois que les comptes individuels des filiales sont retraités en fonction des règles du Groupe, il convient de constater la part du Groupe dans les capitaux propres de chaque filiale (comptabilisation de l'écart d'acquisition correspondant).

En outre, il convient de constater la quote-part du résultat net revenant au Groupe et celle revenant aux intérêts minoritaires.

- Entité sous contrôle conjoint

L'intégration proportionnelle consiste en ce que l'intégration dans les comptes de l'entité consolidante des éléments constituant le patrimoine et le résultat de l'entité sous contrôle conjoint ne s'effectue qu'au prorata de la fraction représentative de la participation de l'entité détentrice des titres sans la constatation d'intérêts minoritaires directs.

- Entités mises en équivalence

À la date de première consolidation, la mise en équivalence consiste à substituer, à la valeur comptable des titres, la quote-part qu'ils représentent dans les capitaux propres de l'entité consolidée.

Ces capitaux propres sont égaux à la différence entre les actifs acquis et les passifs repris identifiables déterminés selon les règles définies pour l'intégration globale.

L'écart qui en résulte est un écart de première consolidation présenté selon les mêmes modalités que les écarts d'acquisition définis dans le cadre de l'intégration globale.

Lors des consolidations ultérieures, la valeur de titres mis en équivalence est égale, à chaque fin d'exercice, à la quote-part des capitaux propres retraités de l'entité consolidée à laquelle ils équivalent.

Encadré N°5 : techniques de partage des capitaux propres en fonction du signe des capitaux propres des filiales comprises dans la consolidation et intégrées globalement

Les trois scénarios suivants illustrent les techniques de partage des capitaux propres selon que :

- la valeur comptable des titres de participation est supérieure à la quote-part des capitaux propres revenant au Groupe ;
- la valeur comptable des titres de participation est inférieure à la quote-part des capitaux propres revenant au Groupe ;
- les capitaux propres des entités consolidées sont négatifs.

Partage des capitaux propres positifs des entités dont la valeur comptable des titres de participation est supérieure à la quote-part des capitaux propres revenant au Groupe (Goodwill)

F1	N-1		N	
	Part groupe	Part minoritaire	Part groupe	Part minoritaire
Capitaux propres hors résultat	6 975 115 571	818 309 648	6 142 484 381	720 626 659
Résultat	(829 986 795)	(97 372 753)	778 967 247	91 387 219
Total Capitaux propres(a)	6 145 128 776	720 936 896	6 921 451 628	812 013 878
Elimination des titres de participation				
Titres M (b)	11 894 918 651		11 894 918 651	
Fond Commercial (a)-(b)	(4 919 803 080)	2078506506	(5 752 434 270)	720 626 659
Résultat	(829 986 795)	(97 372 752)	778 967 247	91 387 219

Partage des capitaux propres positifs des entités dont la valeur comptable des titres de participation est inférieure à la quote-part des capitaux propres revenant au Groupe

F4	N-1		N	
	Part groupe	Part minoritaire	Part groupe	Part minoritaire
Capitaux propres hors résultat	3 760 227 495	441 144 008	4 203 180 537	493 110 566
Résultat	453 117 954	53 159 090	720 986 268	84 584 981
Total Capitaux propres(a)	4 213 345 450	494 303 097	4 924 166 805	577 695 547
Elimination des titres de participation				
Titres F4 chez F1(b)	358 267 717		358 267 717	
Réserves(a)-(b)	3 401 959 779	441 144 008	3 844 912 821	493 110 566
Résultat	453 117 954	53 159 090	720 986 268	84 584 981

Partage des capitaux propres des entités dont les capitaux propres sont négatifs

F3	N-1		N	
	Part groupe	Part minoritaire	Part groupe	Part minoritaire
Capitaux propres hors résultat	(515 356 134)		(542 751 845)	
Résultat	(25 802 499)		(24 606 931)	
Total Capitaux propres(a)	(541 158 633)		(567 358 776)	
Elimination des titres de participation				
Titres F1(b)	29 527 559		29 527 559	
Titres M (c)	20 472 441		20 472 441	
Affection intégrale aux interêts groupe(a)-(b)-(c)	(565 356 134)		(592 751 845)	
Résultat Groupe	(25 802 499)		(24 606 931)	

5.8 Neutralisation des opérations intra-groupe

Les opérations intra-groupes représentent tous les flux économiques et financiers entre les différentes entités d'un même Groupe. En fin d'exercice, il apparaît des comptes de créances ou de dettes, de charges ou de produits entre ces différentes entités consolidées. Ces comptes font double emploi puisque leur maintien dans les comptes consolidés majorerait artificiellement le chiffre d'affaires, les achats, les emprunts ou les créances. Les dispositions liées à la consolidation imposent d'éliminer ces comptes.

Il faut donc éliminer dans les comptes consolidés :

- les comptes réciproques (sans effets sur le résultat) : l'élimination des comptes réciproques concerne, notamment :
  o les comptes de bilan : clients et/ou fournisseurs effets à recevoir et/ou effets à payer, emprunts et/ou prêts
  o les comptes de charges et de produits : achats et/ou ventes, charges financières et/ou produits financiers
- les résultats provenant d'opérations intra-groupe (annulation des marges internes au Groupe) ;
- élimination des provisions pour dépréciation des titres des entités contrôlées.

L'effet des éliminations sur le résultat doit être analysé pour déterminer s'il se rapporte au résultat de l'exercice ou aux résultats des exercices antérieurs avec dans ce dernier cas l'impact sur les réserves.

Les éliminations des résultats intra-groupes peuvent concerner les résultats compris dans des actifs tels que les stocks, les immobilisations. Ils doivent être totalement éliminés.

Les dividendes reçus au cours de l'exercice d'autres entités du Groupe doivent être éliminés du résultat de cette période car ils appartiennent au résultat de l'exercice précédent. Ils doivent donc être rapportés au résultat de l'exercice précédent c'est-à-dire aux réserves.

Avant de procéder à des éliminations, il y a lieu au préalable d'ajuster les comptes afin de les rendre réciproques.

Pour rappel, le principe d'ajustement des comptes réciproques est que le récepteur s'aligne sur l'émetteur.

5.9   Entrée d'une entité dans le périmètre de consolidation

5.9.1 *Généralités*

L'entrée dans le périmètre de consolidation d'une entité résulte de sa prise de contrôle par l'entité consolidante quelles que soient les modalités juridiques de l'opération.

Lors de l'entrée dans le périmètre de consolidation et de la modification des participations ultérieures, un écart de consolidation est calculé par différence entre :

- le coût d'acquisition des titres ; et

- la part des capitaux propres que présentent ces titres pour l'entité consolidante, y compris le résultat de l'exercice réalisé à la date d'entrée de l'entité dans le périmètre de consolidation et de la modification des participations ultérieures

L'écart de consolidation est constitué de :

- L'écart d'évaluation positif ou négatif afférent à certains éléments identifiables de l'actif ou du passif. Il correspond à la différence entre la valeur d'entrée dans le bilan consolidé et la valeur comptable du même élément dans l'entité contrôlée.

  Tous les écarts d'évaluation donnent lieu à une imposition différée.

- L'écart d'acquisition, s'il existe, il correspond également à la différence entre le coût d'acquisition des titres et la quote-part de l'entité mère dans la juste valeur des actifs et passifs identifiables.

Il n'y a pas d'impôt différé sur l'écart d'acquisition.

5.9.2 *Méthodes d'évaluation des actifs et passifs identifiables*

Les actifs et passifs identifiables acquis sont inscrits au bilan consolidé à leur valeur d'entrée en fonction de l'usage prévu par l'entité consolidante.

Le montant résultant de l'évaluation constitue la nouvelle valeur brute :

- Les biens destinés à l'exploitation sont évalués à leur valeur d'utilité pour l'entité consolidante. Cette valeur d'utilité correspond à leur valeur de remplacement

- Les biens non destinés à l'exploitation sont évalué à leur valeur de marché à la date d'acquisition ou en l'absence de marché à leur valeur nette probable de réalisation (déduction faite des coûts de sortie). Cette valeur pourra, le cas échéant, être actualisée si les actifs concernés ne génèrent aucun revenu pendant la période de détention résiduelle estimée.

- À la date d'acquisition, les passifs externes de l'entité acquise doivent satisfaire au critère de reconnaissance du passif externe.

5.9.3 *Comptabilisation de l'écart d'évaluation*

Les écarts d'évaluation sont répartis dans les postes appropriés du bilan consolidé. Ces écarts appartiennent aux actionnaires majoritaires et minoritaires.

En contrepartie, il convient :

- soit de sortir du poste « titres de participation », la quote-part du Groupe de l'écart de réévaluation ;
- soit d'inscrire l'écart d'évaluation directement dans un compte « réserves de réestimations », réserves qui seront, au moment du partage des capitaux propres, ventilées entre l'entité consolidante et les intérêts minoritaires.

5.9.4 *Comptabilisation de l'écart d'acquisition*

5.9.4.1 *Écart d'acquisition positif*

a) Comptabilisation initiale

L'écart d'acquisition positif est considéré comme une survaleur. Il est inscrit à l'actif immobilisé dans la rubrique « immobilisations incorporelles. En contrepartie, il convient :

- soit de diminuer la valeur d'entrée de la participation de l'acquéreur en créditant le poste « titres de participation » ;

- soit d'augmenter directement les capitaux propres de l'acquéreur en créditant le poste « réserves consolidées »

b) Amortissement de l'écart d'acquisition positif

L'écart d'amortissement positif est amorti, lorsque la durée d'utilité est limitée, linéairement sur la limite prévisible de cette durée.

Si la durée d'utilité ne peut être déterminée de manière fiable, il est amorti sur une durée de 10 ans.

Toutefois, lorsque la durée d'utilité est non limitée, l'écart d'acquisition ne fait pas l'objet d'amortissement.

c) Dépréciation de l'écart d'acquisition

La détermination de la dépréciation de l'écart d'acquisition est déterminée selon les règles de droit commun.

Toutefois, s'il n'est pas possible de déterminer la valeur actuelle de l'écart d'acquisition pris isolément, il convient de déterminer la valeur actuelle du Groupe d'actifs immobilisés auquel il appartient.

En cas de dépréciation à comptabiliser dans un Groupe d'actifs, elle est allouée en premier à l'écart d'acquisition puis aux autres actifs immobilisés appartenant à ce Groupe.

Les dépréciations relatives à l'écart d'acquisition ne seront jamais reprises en résultat.

d) *Présentation de l'écart d'acquisition dans le cas de l'entrée d'une entité mise en équivalence*

L'écart d'acquisition positif enregistré dans le cas de l'entrée d'une entité mise en équivalence n'est pas inscrit séparément à l'actif du bilan dans un compte d'immobilisation incorporelle mais inclus dans la valeur comptable des titres mis en équivalence.

5.9.4.2   *Écart d'acquisition négatif*

Un écart d'acquisition négatif (badwill) correspond généralement soit à une plus-value potentielle du fait d'une acquisition effectuée dans des conditions avantageuses soit à une rentabilité insuffisante de l'entité acquise.

Les actifs incorporels identifiés qui ne peuvent pas être évalués par référence à un marché actif ne sont pas comptabilisés au bilan consolidé s'ils conduisent à créer ou à augmenter un écart d'acquisition négatifs.

L'écart d'acquisition négatif est rapporté au résultat sur une durée de 5 ans.

5.10 Variation du périmètre ou des pourcentages de contrôle

5.10.1 *Augmentation du pourcentage de détention des titres*

5.10.1.1 *Augmentation sans changement de méthode*

a) *Augmentation du pourcentage de détention d'une entité déjà intégrée globalement*

Les changements dans le taux de détention d'une filiale sans perte de contrôle auront uniquement une incidence sur la répartition des capitaux propres consolidés entre le Groupe et les intérêts minoritaires.

b) *Augmentation du pourcentage dans une entité intégrée proportionnellement*

Il n'y a pas de constatation d'un écart d'acquisition ou d'évaluation complémentaire. Toutefois, il faut procéder à une réévaluation de la quote-part détenue antérieurement sur la base des juste-valeurs à la date de l'acquisition complémentaire.

c) *Augmentation du pourcentage d'intérêt dans une entité mise en équivalence*

Il n'y a pas de constatation d'un écart d'acquisition ou d'évaluation complémentaire. Toutefois, il faut procéder à une réévaluation de la quote-part détenue antérieurement sur la base des juste-valeurs à la date de l'acquisition complémentaire.

5.10.1.2 *Augmentation du capital avec changement de méthode*

Le changement de méthode de consolidation peut être :

- l'intégration globale d'une entité précédemment mise en équivalence ; ou
- l'intégration globale d'une entité intégrée proportionnellement

La démarche est la même dans les deux cas. La valeur des actifs et passifs identifiables est déterminée à la date de contrôle exclusif. Les évaluations antérieures sont revues.

a) Passage de la mise en équivalence à l'intégration globale

Les actifs et passifs sont identifiés et évalués à la date de prise de contrôle exclusif.

Le changement de méthode de consolidation entraîne la constatation d'un écart d'acquisition qui représente la différence entre le coût d'acquisition des titres complémentaires et la quote-part correspondante à la juste valeur des actifs et passifs identifiés.

Cet écart est inscrit dans un compte séparé dans la rubrique des immobilisations incorporelles alors qu'avec la méthode de mise en équivalence l'écart d'acquisition était enregistré avec les titres de l'entité acquise.

b) Passage de l'intégration proportionnelle à l'intégration globale

Les actifs et passifs sont identifiés et évalués à la date de prise de contrôle exclusif. L'écart de réévaluation éventuel par rapport à la quote-part de capitaux propres antérieurement consolidée par intégration proportionnelle est porté directement dans les réserves consolidées.

c) Passage de la mise en équivalence à l'intégration proportionnelle

Les actifs et passifs sont identifiés et évalués à la date de prise de contrôle conjoint.

Le changement de méthode de consolidation entraîne la constatation d'un écart d'acquisition qui représente la différence entre le coût d'acquisition des titres complémentaires et la quote-part correspondante à la juste valeur des actifs et passifs identifiés.

Cet écart est inscrit dans un compte séparé dans la rubrique des immobilisations incorporelles alors qu'avec la méthode de mise en équivalence l'écart d'acquisition était enregistré avec les titres de l'entité acquise.

5.10.2 Diminution ou perte de contrôle sans cession de titres

La diminution du contrôle peut avoir pour conséquence un changement de méthode de consolidation ou conduire à une perte de contrôle et à une sortie du périmètre de consolidation.

Cette diminution peut avoir plusieurs causes :

- impossibilité d'exercer le contrôle ;
- participation inégale à une augmentation de capital ;
- perte de contrôle de fait.

5.10.2.1   Impossibilité d'exercer le contrôle : déconsolidation sans cession

Si la déconsolidation est entraînée par une perte de contrôle ou d'influence notable, sans cession de participation, par exemple à la suite de restrictions sévères et durables remettant en cause substantiellement le contrôle exercé par l'entité consolidante, les titres sont repris à l'actif du bilan pour la quote-part des capitaux propres qu'ils représentent à la date de déconsolidation augmentée de l'écart d'acquisition ou d'évaluation résiduel.

L'opération n'entraîne en elle-même ni plus-value, ni moins-value ni modification des capitaux propres.

5.10.2.2   Participation inégale à une augmentation de capital

Dans l'hypothèse où l'entité consolidante ne participe pas ou dans des proportions inférieures à ses droits à une augmentation de capital, sa part relative dans le capital de la filiale diminue.

La réduction du pourcentage d'intérêts sera sans impact sur la méthode de consolidation ou au contraire entrainera un changement de méthode de consolidation.

Ainsi, la diminution du pourcentage d'intérêts entraînant une perte de contrôle impacte la répartition entre le Groupe et les intérêts minoritaires.

5.10.2.3 *Perte du contrôle de fait*

L'entité consolidante détenant un contrôle de fait sur certaines entités du périmètre peut le perdre à la suite d'un changement de circonstances ou de modification de clauses contractuelles.

En l'espèce et à la date du présent manuel, en cas de perte du contrôle exclusif de fait, les entités préalablement contrôlées sortent du périmètre de consolidation.

5.10.3 *Diminution ou perte de contrôle en cas de cession de titres*

5.10.3.1 *Cession partielle des titres d'une entité du périmètre*

a) *Cession partielle sans changement de méthode*

Une cession partielle de titre d'une entité du périmètre sans perte de contrôle est considérée comme une transaction entre actionnaires. Elle n'a donc pas d'incidence sur l'écart d'acquisition et le résultat.

En conséquence il faut procéder à un ajustement dans les capitaux propres des parts respectives de l'acquéreur et des minoritaires.

b) *Cession partielle avec changement de méthode*

Une cession partielle de titre qui fait perdre le contrôle exclusif sur la filiale concernée mais maintient une influence notable entraîne un changement de la méthode de consolidation à la date de perte de contrôle.

Il faut constater une plus ou moins-value de cession et valoriser la participation résiduelle à la juste valeur avec un éventuel impact sur le résultat.

Par ailleurs, les comptes de la filiale ne sont plus à intégrer globalement et les opérations de comptes réciproques ne sont plus à éliminer.

Il faut également revaloriser les titres de la filiale par la mise en équivalence et l'écart d'acquisition affecté aux titres concernés sera incorporé dans les titres mis en équivalence.

5.10.3.2   *Cession partielle de titres et déconsolidation*

Lorsqu'à la suite d'une cession partielle de titres, l'entité consolidante perd le contrôle ou l'influence notable, la transaction s'analyse comme une déconsolidation.

La déconsolidation s'assimile à une cession totale des titres même en cas de conservation d'un pourcentage d'intérêt.

En conséquence, les titres conservés sont évalués à leur juste valeur à la date de sortie du périmètre de consolidation.
Cette juste valeur correspond à la valeur comptable de la participation conservée y compris l'écart d'acquisition résiduel.

La plus-value de cession est déterminée suivant la règle générale.

La totalité des écarts de consolidation est virée au compte de résultat.

5.10.3.3   Cession totale des titres et déconsolidation

La sortie du périmètre de consolidation de l'entité cédée s'effectue à la date de perte du contrôle ou d'influence notable de l'entité consolidante sur la filiale concernée.

Le résultat de cession correspond à la différence entre le prix de cession des titres évalués à la juste valeur et la dernière valeur consolidée des titres cédés.

La juste valeur du prix de cession correspond au nominal du prix de cession.

5.11 Établissement des états financiers consolidés

L'article 79 de l'AUDCIF dispose qu'un jeu complet des états financiers comprend le bilan, le compte de résultat, le tableau des flux de trésorerie, le tableau de variation des capitaux propres ainsi que les notes annexes.

5.11.1 Le bilan

Le bilan consolidé est présenté avant répartition des résultats. L'affectation du résultat consolidé et l'incidence des répartitions envisagées sur les capitaux propres et sur les intérêts minoritaires correspondent à des informations qui peuvent figurer dans les notes annexes consolidées.

Les écarts d'acquisition figurent sous une rubrique spécifique à l'actif du bilan.

Les réserves consolidées comprennent notamment :

- les résultats non distribués de l'entité consolidante ;

- la part de l'entité consolidante dans les résultats non distribués des entités du périmètre depuis leur date d'entrée dans le Groupe.

Les tracés prévus par le SYSCOHADA ainsi que les correspondances entre les comptes de la balance générale et les rubriques du bilan consolidé sont les suivants :

BILAN ACTIF

Désignation entité : ....   Exercice clos le 31-12-...............
Numéro d'identification : ....   Durée (en mois) : ....

ACTIF	Note	EXERCICE au 31/12/N			EXERCICE au 31/12/N-1
		BRUT	AMORT. et DEPREC.	NET	NET
Immobilisations incorporelles					
Ecart d'acquisition		2110	2810, 2910		
Autres immobilisations incorporelles		21XX	281X, 291X		
Imobilisations corporelles (1) et (2)		22XX, 22XX, 23XX, 24XX	282X, 292X, 283X, 293X, 284X, 294X		
(1) dont immeubles de placement en Net (230X, 2881, 2981)/.........					
(2) dont Location Acquisition en Net (240x, 2840, 2940)/.........					
Avances et acomptes versés sur immobilisations		25XX	295X		
Immobilisations financières					
Titres mis en équivalence		2630	2960		
Participations et créances rattachés		265X, 266x, 268X	2965, 2966, 2968		
Prêts et autres immobilisations financières		27XX	297X		
Actifs d'impôts différés		449810	494910		
TOTAL ACTIF IMMOBILISE				-	-
Stocks		3XXX	39XX		
Créances et emplois assimilés					
Clients		41XX solde débiteur	491X		
Autres créances		solde débiteur: 40XX, 42XX, 43XX, 44XX, 45XX, 46XX, 47XX, 48XX	49XX sauf le 491X		
TOTAL ACTIF CIRCULANT		-	-	-	-
TOTAL TRESORERIE-ACTIF		solde débiteur: 5XXX	59XX	-	-
TOTAL GENERAL				-	-

Figure 5-4: Illustration du bilan - actif

Désignation entité: ....

Numéro d'identification: ....

Exercice clos le 31-12-......

Durée (en mois): ....

PASSIF	Note	EXERCICE au 31/12/N	EXERCICE au 31/12/N-1
		NET	NET
Capital		1010, 1020, 1030, 1040, 1090	
Primes et réserves consolidés		1050, 1060, 1110, 1120, 1130, 1180, 1200	
Ecart de conversion		117X	
Résultat net (part de l'entité consolidante)		1310, 1390	
Autres capitaux propres		1140, 1240, 1280	
Part de l'entité consolidante			
Part des minoritaires			
TOTAL CAPITAUX PROPRES DE L'ENTITE CONSOLIDEE			
Emprunts et dettes financières		16XX	
Dettes de location acquisition		17XX	
Provisions pour risques et charges		19XX	
Passifs d'impôts différés		449820	
TOTAL DETTES FINANCIERES ET RESSOURCES ASSIMILEES			
Fournisseurs et comptes rattachés		solde créditeurs: 40XX	
Autres dettes		141, 148 Solde créditeurs: 41XX, 42XX, 43XX, 44XX, 45XX, 46XX, 47XX, 48XX	
TOTAL PASSIF CIRCULANT			
TOTAL TRESORERIE-PASSIF		**solde créditeur: 5XXX**	
TOTAL GENERAL			

Figure 5-5: Illustration du bilan - passif

5.11.2 *Le compte de résultat consolidé*

Le compte de résultat consolidé reprend, après retraitements éventuels :

- les éléments constitutifs du résultat de l'entité consolidante et des entités intégrées globalement ;
- les éléments constitutifs du résultat des entités consolidées par intégration proportionnelle, représentative des intérêts de l'entité consolidante ;
- la fraction du résultat des entités consolidées par mise en équivalence, représentative des intérêts directs ou indirects de l'entité consolidante.

Le compte de résultat consolidé fait apparaître de façon distincte la part de l'entité consolidante et la part des associés minoritaires dans le résultat net de l'ensemble consolidé ainsi que la quote-part des résultats nets des entités consolidées par mise en équivalence.

Les tracés prévus par le SYSCOHADA ainsi que les correspondances entre les comptes de la balance générale et les rubriques du compte de résultat consolidé sont les suivants :

Désignation entité: ....   Exercice clos le 31-12-.........
Numéro d'identification: ....   Durée (en mois): ....

LIBELLES	Note	EXERCICE au 31/12/N NET	EXERCICE au 31/12/N-1 NET
Ventes de marchandises	+	701	
Ventes de produits fabriqués	+	702, 703, 704	
Travaux, services vendus	+	705, 706	
Produits accessoires	+	707	
Chiffres d'affaires			-
Autres produits d'exploitation	+	71, 72, 73, 75, 781	
Achats consommés	-	60	
Transport	-	61	
Services extérieurs	-	62, 63	
Impôts et taxes	-	64	
Autres charges	-	65	
Valeur ajoutée			
Charges de personnel	-	66	
Excédent brut d'exploitation			-
Reprises d'amortissements, provisions et dépréciations	+	79 sauf 797	
Dotations aux amortissements, provisions et dépréciations	-	68, 691	
Résultat d'exploitation (A)			-
Produits financiers	+	77, 787, 797	
Charges financières	-	67, 697	
Résultat financier (B)		-	-
Résultat d'activités ordinanires (C=A+B)		-	-
Produits HAO	+	82, 84, 86, 88	
Charges HAO	-	81, 83, 85, 87	
Résultat hors activités ordinaires (D)		-	-
Résultat avant impôts			
impôts exigibles sur résultats	-	891, 892, 895, 899	
impôts différés	+/-	890	
Résultat net des entités intégrées			
Part dans les résultats nets des entités mises en équivalence	+/-	7002, 6002	
Résultat net de l'ensemble consolidé		-	
Part des minoritaires			
Part de l'entité consolidante			
Résultat par action		-	-
* Résultat de base par action			-
* Résultat dilué par action			

Figure 5-6: Illustration du compte de résultat

5.11.3 Le tableau des flux de trésorerie

Le tableau des flux de trésorerie présente les entrées et les sorties de trésorerie et d'équivalents classées en trois catégories :

- flux de trésorerie des activités opérationnelles ;

- flux de trésorerie des activités d'investissement ;

- flux de trésorerie des activités de financement.

Les tracés prévus par le SYSCOHADA sont les suivants:

TABLEAU DE FLUX DE TRESORERIE

Désignation entité: ....
Numéro d'identification: ....

Exercice clos le 31-12-...............
Durée (en mois): ....

LIBELLES	Note	EXERCICE N NET	EXERCICE N-1 NET
Trésorerie nette au 1er Janvier (Trésorerie actif N-1 - Trésorerie passif N-1)	A		
Flux de trésorerie provenant des activités opérationnelles			
Capacité d'Autofinancement Globale (CAFG)			
- Variation des stocks			
- Variation des créances et emplois assimilés [(1)]			
+ Variation du passif circulant [(1)]			
Variation du BF liées aux activités opérationnelles (FB+FC+FD+FE):		-	-
Flux de trésorerie provenant des activités opérationnelles	B	-	-
Flux de trésorerie provenant des activités d'investissements			
- Décaissements liés aux acquisitions d'immobilisations incorporelles			
- Décaissements liés aux acquisitions d'immobilisations corporelles			
- Décaissements liés aux acquisitions d'immobilisations financières			
+ Encaissements liés aux cessions d'immobilisations incorporelles et incorporelles			
+ Encaissements liés aux cessions d'immobilisations financières			
- Incidence des variations de périmètre [(2)]			
Flux de trésorerie provenant des activités d'investissements	C	-	-
+ Augmentation de capital par apports nouveaux			
- Distributions de dividendes			
+ Emprunts			
+ Autres dettes financières			
- Remboursements des emprunts et autres dettes financières			
Flux de trésorerie provenant des activités de financement	D		
Variation de la trésorerie de la période (F=A+E)	E	-	-
Trésorerie nette au 31 Décembre (G+A) (Contrôle: Trésorerie actif N - Trésorerie passif N)	F	-	-
+/- incidence des variations des cours de devises [(3)]	G		
Variation de la trésorerie nette (H=E-G)	H	-	-

[(1)] à l'exclusion des variations liées aux dettes et créances rattachées aux flux provenant des activités d'investissement (acquisitions ou cession d'immobilisations) et ceux provenant des activités de financement

[(2)] il s'agit des entrées/sorties de minoritaires à l'occasion d'une prise ou d'une perte de contrôle. On retient le prix d'achat ou de vente augmenté de la trésorerie acquise ou versée - à détailler dans les notes annexes.

[(3)] Différences de changes sur la conversion des soldes de trésorerie début N et fin N des entités intégrées et différences dans l'année sur la trésorerie entre un cours moyen et le cours de clôture.

Figure 5-7: Illustration du tableau des flux de trésorerie

5.11.4 *Tableau de variation des capitaux propres*

Le tableau de variation des capitaux propres permet d'expliquer les mouvements intervenus dans les capitaux propres consolidés entre le début et la fin de chaque exercice.

Il permet également de s'assurer du respect du principe d'intangibilité du bilan d'ouverture et de la correcte prise en compte dans le processus de consolidation des opérations spécifiques pouvant affecter la situation nette du Groupe.

Les tracés prévus par le SYSCOHADA sont les suivants :

ETAT CONSOLIDE DES VARIATIONS DES CAPITAUX PROPRES

Désignation entité: ....   **Exercice clos le 31-12-**..............

	Note	Capital	Prime	Réserves consolidées	Résultat de l'exercice	Autres					Part du Groupe	Part des minoritaires	Total des capitaux propres
						Ecart de conversion	Ecart de réévaluation	Titres de l'entité consolidante	Autres	Total autres			
Capitaux propres clôture N- 2													
Changement de méthodes comptables et correction d'erreurs													
Capitaux propres clôture N- 2 corrigés													
Mouvements de l'exercice N-1 (a)													
* Variation de capital de l'entité consolidante													
* Acquisitions ou cessions de titres d'autocontrôle													
* Incidences des réévaluations													
* Résultat consolidé de l'exercice													
* Distributions des dividendes													
* Variations des écarts de conversion													
* Autres mouvements													
Capitaux propres clôture N-1													
Changement de méthodes comptables													
Capitaux propres clôture N-1 corrigée													
Mouvements de l'exercice N (b)													
* Variation de capital de l'entité consolidante													
* Acquisitions ou cessions de titres d'autocontrôle													
* Incidences des réévaluations													
* Résultat consolidé de l'exercice													
* Distributions des dividendes													
* Variations des écarts de conversion													
* Autres mouvements													
Capitaux propres clôture N													

Figure 5-8: Tableau de variation des capitaux propres

5.11.5 Notes annexes

Les notes annexes font partie intégrante des états financiers. Elles contiennent des informations complémentaires à celles présentées dans le reste des états financiers. Elles fournissent des descriptions narratives ou des décompositions d'éléments présentées dans ces états ainsi que des informations relatives aux éléments qui ne répondent pas aux critères de comptabilisation dans ces états.

Figurent dans les notes annexes consolidées :

- une déclaration de conformité aux comptes consolidés du système comptable OHADA ;
- des informations relatives aux périmètres de consolidation ;
- un résumé des principales méthodes appliquées ;
- la ventilation du chiffre d'affaires consolidé du résultat consolidé par secteurs opérationnels [7];
- des informations supplémentaires sur les éléments du bilan consolidé, du compte de résultat consolidé et du tableau de consolidé des flux de trésorerie ;
- d'autres informations dont les passifs éventuels et les engagements contractuels non comptabilisés, des informations non financières (objectifs et méthodes de gestion des risques financiers…).

---

[7] Un secteur opérationnel est une composante du Groupe :
- qui s'engage dans des activités générant des produits et des charges ;
- dont les ressources reçues de l'entité font l'objet de décisions par le principal décideur opérationnel de l'entité
- pour laquelle des informations financières sont disponibles.

6. Régime juridique et fiscal des états financiers consolidés

6.1 Présentation

Les états financiers consolidés comprennent le bilan consolidé, le compte de résultat consolidé, le tableau consolidé des flux de trésorerie et les Notes annexes tels que détaillés ci-dessus.

6.2 Approbation des états financiers consolidés

6.2.1 Notion d'états financiers annuels ou de synthèse

Le Chapitre 1 du Titre 3 du Livre 2 – Fonctionnement de la société commerciale de l'Acte uniforme de l'OHADA relatif au droit des sociétés commerciales et du GIE est consacré aux états financiers annuels de synthèse.

L'article 137 de cet Acte uniforme dispose que « *à la clôture de chaque exercice, le gérant ou le conseil d'administration ou l'administrateur général, selon le cas, établit et arrête les états financiers de synthèse conformément aux dispositions de l'Acte uniforme portant organisation et harmonisation des comptabilités des entreprises*[8] ».

L'article 140 indique à la suite que « *dans les sociétés anonymes, les sociétés par actions simplifiées et, le cas échéant, dans les sociétés à responsabilité limitée, les états financiers de synthèse annuels et le rapport de gestion sont adressés aux commissaires aux comptes, 45 jours au moins avant la date de l'assemblée générale ordinaire.*

Ces documents sont présentés à l'assemblée générale de la société statuant sur les états financiers de synthèse qui doit obligatoirement se tenir dans les 6 mois de la clôture de l'exercice ».

---

[8] Devenu depuis la révision du SYSCOHADA en 2017 Acte uniforme de l'OHADA relatif au droit comptable et à l'information financière

Dans cet Acte uniforme, nous avons recensé plus d'une vingtaine d'occurrences du terme « états financiers ». Il est le plus souvent accompagné de la terminologie « de synthèse » et/ou « annuels ». À aucun moment, il ne distingue les états financiers personnels, des états financiers consolidés ou des états financiers combinés. À juste titre d'ailleurs car cet Acte uniforme s'applique aux sociétés commerciales et par conséquent à la personne morale. Même s'il traite dans son Livre 4 – liens de droit entre les sociétés, la question des groupes, c'est uniquement pour définir le groupe de sociétés.

Le terme « états financiers annuels de synthèse » qui y est mentionné est pour indiquer les états financiers annuels de la personne morale, société commerciale. Pour qualifier ces états financiers, il faut alors se référer à l'Acte uniforme de l'OHADA relatif au droit comptable et à l'information financière pour savoir s'il s'agit des états financiers annuels personnels, des états financiers annuels consolidés ou des états financiers annuels combinés.

Toutefois, l'article 853-11 de l'Acte uniforme de l'OHADA relatif au droit des sociétés commerciales et du GIE, alinéa 3 indique que « *dans les sociétés[9] ne comprenant qu'un seul associé, le rapport de gestion, les comptes annuels, et, le cas échéant, les comptes consolidés sont arrêtés par le président. L'associé unique approuve les comptes, après rapport du commissaire aux comptes s'il en existe un, dans le délai de six mois à compter de la clôture de l'exercice* ».

Il faut rappeler que ces dispositions relatives aux sociétés par action simplifiée (SAS) ont été introduites dans l'Acte uniforme de l'OHADA relatif au droit des sociétés commerciales et du GIE lors de sa dernière révision en 2014. Avant cette révision, cet Acte uniforme ne faisait référence qu'aux états

---

[9] SAS

financiers de synthèse, le terme « comptes annuels » n'avait pas été retenu par le législateur communautaire. En ajoutant dans cet alinéa le terme « comptes consolidés » à « comptes annuels », il peut sembler utile de penser que désormais les états financiers annuels excluaient les comptes consolidés.

Le système comptable de l'OHADA (« SYSCOHADA ») annexé à l'Acte uniforme de l'OHADA relatif au droit comptable et à l'information financière dont la révision est intervenue plus tard en 2017 après celle de l'AUDSCGIE donne les définitions suivantes de l'approbation des états financiers, des comptes annuels et des états financiers annuels comme suit :

– approbation des états financiers : décision prise en assemblée générale, des actionnaires, des associés ou des membres, de valider les comptes annuels (personnels, consolidés ou combinés) tels qu'établis et arrêtés par les dirigeants ou après modification. Cette formalité obligatoire intervient au plus tard six mois après la clôture de l'exercice et précède la publicité des états financiers annuels. Les états financiers approuvés sont intangibles ;

– comptes annuels : expression utilisée par certains pays comme les États parties de l'OHADA pour désigner les « états financiers annuels » ;

– états financiers de synthèse : états périodiques établis pour rendre compte du patrimoine, de la situation financière et du résultat de l'entité. Formant un tout indissociable, ils comprennent le bilan, le compte de résultat, le tableau des flux de trésorerie[10] et les notes annexes.

---

[10] Le SYSCOHADA indique plutôt le tableau financier des ressources et des emplois de l'exercice qui a été remplacé lors de la révision du SYSCOHADA par le tableau des flux de trésorerie.

Il en résulte que les termes « états financiers annuels », « états financiers de synthèse », « comptes annuels » renvoient indifféremment aux comptes personnels, aux comptes consolidés et aux comptes combinés.

6.2.2 Procédure d'approbation

En application des dispositions de l'Acte uniforme de l'OHADA relatif au droit des sociétés commerciales et du GIE, les états financiers consolidés sont approuvés par l'assemblée générale annuelle qui doit se tenir au plus tard dans les six mois qui suivent la clôture des comptes, sauf prolongation de ce délai par la juridiction compétente.

Le SYSCOHADA est venu préciser également que les états financiers consolidés doivent être approuvés par l'assemblée générale ordinaire de la société mère.

L'approbation des états financiers consolidés est décidée par cette assemblée après présentation d'un rapport de gestion et du rapport du commissaire aux comptes sur ces états financiers.

6.3 Opportunité de la mise en place d'un régime d'intégration fiscale

6.3.1 Contexte

La Commission de Réforme Fiscale[11] de 2015 de la Côte d'Ivoire a recommandé l'adoption d'un régime d'intégration fiscale des bénéfices pour les groupes de sociétés en Côte d'Ivoire, sur le modèle français. L'objectif est de renforcer l'attractivité du pays pour les investissements étrangers.

---

[11] La Côte d'Ivoire a mis en place en 2014 une commission de réforme fiscale à composition mixte qui a produit un rapport en mars 2015 dont le titre évocateur est « Reformer le système fiscal et douanier pour soutenir le développement de la Côte d'Ivoire »

Ce mécanisme permettrait de consolider les résultats des différentes entités d'un groupe pour compenser les déficits par les bénéfices. Les transactions internes au groupe seraient aussi neutres fiscalement.

L'intégration fiscale consiste à consolider les résultats fiscaux de toutes les sociétés d'un groupe. Ainsi, les résultats déficitaires d'une société du groupe ou de la holding viennent compenser les bénéfices des autres sociétés.

En France, le régime de l'intégration fiscale permet aux groupes de sociétés soumis à l'impôt sur les sociétés (IS) dans les conditions de droit commun de se constituer, sur option renouvelable par périodes de 5 ans, en un seul redevable de l'IS vis-à-vis de l'administration fiscale. Concrètement, ce régime repose sur une fiction juridique assimilant l'ensemble des sociétés du groupe à une entité économique unique. La société mère, détentrice d'au moins 95% du capital de ses filiales, centralise ainsi les résultats imposables de l'ensemble des entités intégrées. Elle procède à la somme algébrique de leurs bénéfices et déficits et acquitte l'IS pour le périmètre du groupe auprès de l'administration (CGI : art. 223 A[12]).

6.3.2 Fonctionnement de l'intégration fiscale

Le régime de l'intégration fiscale repose sur un mécanisme bien spécifique pour déterminer l'assiette globale d'imposition du groupe. Le fonctionnement de l'intégration fiscale repose sur plusieurs étapes clefs :

- **Détermination des résultats fiscaux individuels**

Chaque société membre du groupe intégré doit commencer par calculer son propre résultat fiscal annuel selon les règles de droit commun. Cette première

---

[12] Code général des impôts français, 2023. Article 223 A - Régime de groupe. Disponible à : https://www.legifrance.gouv.fr/codes/article_lc/LEGIARTI000045032132/2023-01-01

étape se déroule comme si la société était imposée séparément à l'impôt sur les sociétés (IS).

- **Retraitements de consolidation**

Une fois les résultats fiscaux individuels établis, la société mère procède aux retraitements de consolidation nécessaires à la détermination du résultat d'ensemble du groupe. Il s'agit principalement de neutraliser sur le plan fiscal les opérations internes au groupe qui pourraient générer des doubles impositions/déductions.

Par exemple, les dividendes versés entre sociétés intégrées sont déductibles du résultat d'ensemble. De même, les plus ou moins-values de cession d'immobilisations et les abandons de créances entre sociétés du groupe sont éliminés du calcul.

- **Compensation des résultats déficitaires**

Le résultat net d'ensemble correspond à la somme algébrique des résultats individuels après retraitements. Ainsi, les déficits fiscaux affichés par certaines entités du groupe sont imputés sur les bénéfices réalisés par d'autres membres du périmètre.

- **Paiement de l'IS par la société mère**

Sur la base de ce résultat net d'ensemble, la société mère calcule alors l'IS à acquitter pour l'ensemble du groupe intégré auprès de l'administration fiscale. Elle est la seule redevable de l'impôt vis-à-vis du fisc.

Les crédits d'impôts éventuellement obtenus par les filiales viennent en déduction de l'IS à payer par la société mère pour le compte du groupe.

6.3.3 *Les avantages et les inconvénients liés à l'intégration fiscale*

L'intégration fiscale permet de déterminer la base de calcul de l'impôt sur les sociétés de manière globale au niveau du groupe fiscalement intégré. Ce fonctionnement est avantageux lorsque certaines entités du groupe accusent des pertes et que d'autres enregistrent des bénéfices. Il génère un effet de levier.

Dans ce cas, les résultats déficitaires de certaines sociétés du groupe et/ou de la société holding seront additionnés aux bénéfices réalisés par les autres entités. Seul le résultat fiscal du groupe étant imposé, l'impôt sur les sociétés est donc optimisé. Avec une imposition séparée au nom de chaque société du groupe, le montant global de l'impôt serait supérieur.

- **Les avantages de l'intégration fiscale**

L'intégration fiscale horizontale se distingue de la verticale par le fait qu'elle ne concerne pas uniquement des sociétés liées par des liens capitalistiques. Elle se réalise entre sociétés sœurs, détenues par une même holding.

Lorsque toutes les sociétés du groupe sont bénéficiaires, l'intégration fiscale peut tout de même présenter des avantages. Par exemple, cela permet :

- de supprimer l'imposition de la quote-part de frais et charges afférente aux produits de participation intragroupe ;

- de limiter la déperdition des crédits d'impôt dont le montant excède les possibilités d'imputation dont dispose la société membre à raison de son seul résultat fiscal.

- **Les inconvénients de l'intégration fiscale**

L'intégration fiscale est un régime attractif pour les groupes de sociétés leur permettant de réaliser d'importantes économies d'impôts. Néanmoins, derrière ces avantages fiscaux se cachent également des inconvénients qu'il convient de bien appréhender. Par exemple :

- la Société mère seule redevable de l'IS : responsabilité fiscale accrue en cas de redressement ;

- le coût de mise en conformité avec les obligations de documentation pour les prix de transfert ;

- le risque de requalification des montages en abus de droit ;

- la moindre souplesse fiscale individuelle pour les filiales qui perdent leur autonomie ; et

- la Société mère amenée à financer les déficits des filiales dans l'attente de les imputer.

6.3.4 Analyse comparative (benchmark fiscal)

Une étude comparative (benchmark fiscal) a été menée afin de déterminer si certains pays africains ont déjà adopté un régime d'intégration fiscale des groupes de sociétés. L'analyse a porté sur un échantillon de douze pays du continent : Togo, Maroc, Cameroun, Burkina Faso, Gabon, Ouganda, Kenya, Zambie, Ghana, Mali, Sénégal et Benin.

Sur les douze pays africains qui ont fait l'objet de l'étude comparative, un seul dispose actuellement d'un régime d'intégration fiscale des groupes : le Maroc.

En effet, depuis la Loi de Finances 2009[13], le pays s'est doté d'un dispositif de consolidation fiscale permettant à une société mère d'intégrer les résultats de ses filiales majoritairement détenues, et de ne payer l'impôt que sur la base de ce résultat global.

Cependant, pour les onze autres pays investigués dans le cadre de ce benchmark fiscal (hors Maroc), il ne ressort qu'aucun n'applique pour l'instant au niveau national un régime similaire d'intégration des bénéfices intra-groupes.

6.3.5 Spécificités et enjeux pour la Côte d'Ivoire

- **État actuel du système d'imposition des groupes**

Le dispositif fiscal actuel ivoirien ne reconnaît pas l'existence de groupes de sociétés. Ainsi, chaque entité au sein d'un groupe de sociétés est imposée distinctement au regard de l'impôt sur les bénéfices. Ainsi, lorsque le contribuable au sein du groupe de sociétés a :

- un bénéfice imposable, un impôt est calculé sur ce bénéfice au taux normal d'imposition de 25%;
- une perte fiscale ou un bénéfice insuffisant, un impôt minimum est dû calculé comme étant le montant le plus élevé entre 0,5% du chiffre d'affaires TTC et l'impôt au taux de 25% sur le bénéfice, dans la limite

---

[13] Ce régime a été institué par l'article 2 de la loi de finances 2009 pour l'année budgétaire 2010. Bulletin officiel du Maroc n° 5766 bis du jeudi 26 février 2009 (Article 2 instituant le régime de "l'exonération des revenus provenant de certains titres de participation").
Code général des Impôts du Royaume du Maroc (Articles 161 bis-I à 161 quinquies)

de 35 millions de FCFA. Cette perte fait l'objet d'un report en avant sur une durée maximale de 5 ans pour être imputée sur les bénéfices futurs.

- **Intérêt pour le groupe de sociétés**

Les avantages discutés ci-dessus devraient être applicables aux groupes de sociétés ivoiriens dans l'hypothèse de l'instauration d'un tel dispositif.

- **Intérêt pour le Trésor**

Les avantages financiers des groupes de sociétés devraient se traduire par un manque à gagner pour le Trésor. Au cas particulier des entités qui seraient déficitaires dans le groupe :

- si l'intégration aboutit à un bénéfice imposable, il serait mécaniquement inférieur à la somme des bénéfices imposables des entités bénéficiaires et dans cette hypothèse, l'impôt minimum antérieur dû ne serait plus applicable pour les entités déficitaires ;

- si l'intégration aboutit à une perte fiscale, seul l'impôt minimum serait dû par la mère.

Mécaniquement, l'institution d'un tel dispositif se traduirait par une baisse des recettes de l'État.

- **Constats et conclusion[14] : des groupes majoritairement détenus par des personnes physiques et un périmètre restreint pour l'intégration fiscale**

Sur les 8 676 entités identifiées avec un actionnaire de référence, près de 90% sont contrôlées par des personnes physiques et seulement 10% par des entités morales.

Au total, 2 210 sociétés font partie de groupes avec des filiales, soit 12% de la population étudiée de 18 555 entreprises. Seules ces structures sont susceptibles de bénéficier d'un régime d'intégration fiscale.

---

[14] L'étude a porté sur la FIRD 2 et les notes annexes 13 et 4 des états financiers déposés par les entités pour l'exercice 2019

7. Expression d'une opinion sur les états financiers consolidés

7.1. Rapport de gestion du Groupe

Un rapport de gestion spécifique aux comptes consolidés du Groupe doit être élaboré. Ce rapport a pour objectif de rendre compte de l'activité et des résultats de l'ensemble du Groupe éventuellement par banche d'activités.

Il contient les informations suivantes :

- la situation d'ensemble constituée par les entités comprises dans le périmètre de consolidation ;
- les évolutions prévisibles du Groupe ;
- les événements importants survenus entre la date de clôture de l'exercice de consolidation et la date à laquelle les comptes consolidés sont établis ;
- les activités du Groupe en matière de recherche et de développement.

Des mentions particulières pourront également être portées ou inscrites dans le rapport de gestion sur des points significatifs qui présentent une importance significative au niveau du Groupe :

- modifications dans la présentation des comptes annuels et dans les méthodes d'évaluation ;
- modifications dans le périmètre de consolidation ;
- opérations de cession ou d'acquisition de titres de participation au sein du Groupe ;

Cadre réglementaire

7.2.1. Rapport des commissaires aux comptes

L'article 100 de l'AUDCIF précise que les commissaires aux comptes de l'entité consolidante doivent établir un rapport sur les états financiers du Groupe dans lequel :

- soit ils émettent une opinion indiquant que les états financiers sont réguliers et sincères et donnent une image fidèle du résultat des opérations de l'exercice écoulé ainsi que de la situation financière et du patrimoine à la fin de cet exercice ;

- soit ils expriment en la motivant une opinion avec réserve défavorable ou indiquent qu'ils sont dans l'impossibilité d'exprimer une opinion.

Les commissaires aux comptes doivent également se prononcer sur la sincérité et la concordance, avec les états financiers consolidés, des informations données par les dirigeants sociaux dans le rapport de gestion.

Par ailleurs, le 27 avril 2020, l'Ordre des Experts-Comptables de Côte d'Ivoire a émis à l'intention de ses membres la recommandation n°002/2020-CO-OECCI du 27 avril 2020 portant sur le rappel des dispositions du guide d'application des normes professionnelles OHADA. Cette recommandation précise que « *pour ces entités[15] qui n'auraient pas transmis à leurs commissaires aux comptes leurs états financiers annuels IFRS individuels ou consolidés le cas échéant, au plus tard quinze jours avant la date de l'assemblée générale annuelle, ceux-ci doivent établir un rapport de carence*

---

[15] Il s'agit des entités qui font appel public à l'épargne et donc tenues d'établir et d'arrêter des états financiers IFRS conformément aux dispositions de l'Acte uniforme.

pour chaque jeu d'états financiers non obtenus. Cette recommandation s'applique à toutes les situations[16] où un ou des jeux d'états financiers requis par la loi n'ont pas été établis ou présentés au commissaire aux comptes dans les quinze jours précédant l'assemblée générale appelée à statuer sur ces états financiers ».

7.2.2. Obligation de communiquer les informations nécessaires aux commissaires aux comptes

Les comptes consolidés et le rapport sur la gestion du Groupe sont mis à la disposition des commissaires aux comptes **45 jours** au moins avant la date l'assemblée générale (Article 140 de l'AUDSCGIE).

Le rapport des commissaires aux comptes et le rapport du conseil d'administration qui sont soumis à l'assemblée, doivent être mis à disposition au siège social de tout actionnaire durant les quinze jours qui précèdent la tenue de l'assemblée générale ordinaire.

Le refus, fait sciemment par les dirigeants (ou toute personne au service de l'entité), de communiquer sur place au commissaire aux comptes toute pièce utile à l'exercice de sa mission <u>constitue un délit.</u>

---

[16] Comme par exemple l'établissement et l'arrêté des états financiers combinés prévus par l'Acte uniforme. Un rapport de carence doit être préparé par le commissaire aux comptes s'il n'a pas obtenu ces états financiers au plus tard dans les 15 jours avant la tenue de l'assemblée générale appelée à les approuver.

7.2.3. Pouvoirs d'investigation des commissaires aux comptes

Au sein de l'entité mère, les commissaires aux comptes peuvent effectuer toute vérification et tout contrôle qu'il juge opportun.

Dans les entreprises comprises dans la consolidation, le commissaire aux comptes peut procéder à des investigations auprès de l'ensemble des entreprises comprises dans le périmètre de la consolidation.

Auprès des commissaires aux comptes des entreprises consolidées, l'opinion sur les états financiers consolidés est délivrée après examen des travaux des commissaires aux comptes des entreprises comprises dans le périmètre de la consolidation.

Ces derniers sont <u>libérés du secret professionnel</u> à l'égard du ou des commissaires aux comptes de l'entité consolidante.

8. Communication équipe centrale / filiale

Chaque année l'équipe centrale élabore des instructions de consolidation à l'attention des filiales. L'objectif de ces instructions est de définir les travaux, les délais, les modalités de reporting et autres formalités qui faciliteront l'établissement des comptes consolidés.

Le contenu indicatif de ce document est le suivant :

- le calendrier ;
- les informations sur l'équipe centrale ;
- les points d'attention ;
- la liste des annexes.

Le document doit être élaboré chaque année.

Les documents à préparer pour la réalisation de la consolidation sont présentés dans le tableau suivant :

Tableau 8-1 : Documents à préparer pour la réalisation de la consolidation

Document
Accusé de réception des instructions d'arrêté
Réconciliation des comptes de bilan intragroupe
Réconciliation des comptes de résultat intragroupe
Tableau des plus ou moins-values de cession intragroupe
Tableau des stocks intragroupe
Tableau de provisions sur comptes clients intragroupes et sur comptes courants intragroupes
Tableau de variation des titres de participation
Tableau des valeurs comptables des cessions d'immobilisations
Tableau de variation des emprunts
Tableau des engagements hors bilan
Tableau de variation des capitaux propres
Détail des charges d'exploitation
Détail des effectifs et des charges salariales
Tableau des contrats de Location
Tableau des biens mis en location

9. Formalités de dépôt des états financiers

9.1. Auprès de l'Administration fiscale

Conformément aux dispositions de l'article 36 du Code général des Impôts ivoirien, les entreprises dont le chiffre d'affaires toutes taxes comprises excède 500 000 000 FCFA sont tenues de déposer à l'Administration fiscale, leurs états financiers annuels établis et présentés selon le cas, conformément au droit comptable SYSCOHADA révisé, au droit comptable bancaire ou au Code de la Conférence Interafricaine des Marchés des Assurances (CIMA).

Le texte tel que libellé ne fait pas de distinction entre les comptes annuels. Il peut en conséquence indifféremment s'agir des comptes dits personnels, combinés ou consolidés dès lors que ces derniers sont requis par le SYSCOHADA révisé.

En pratique toutefois, l'Administration fiscale ne porte d'intérêt qu'aux états financiers leur permettant de déterminer le résultat fiscal taxable de l'entité concernée. L'Administration se réfère donc aux comptes personnels des sociétés concernées.

9.2. Auprès du Registre du Commerce et du Crédit Mobilier (RCCM)

Aux termes des dispositions de l'article 269 de l'Acte uniforme relatif au droit des sociétés commerciales et du GIE, les sociétés commerciales sont tenues de déposer au RCCM, les états financiers de synthèse à savoir le bilan, le compte de résultat, le tableau financier des ressources et emplois et l'état annexé de l'exercice écoulé.

Nous réitérons nos commentaires relatifs au fait qu'aucune distinction n'est faite entre les comptes annuels concernés et qu'en conséquence, il s'agirait en principe de déposer les comptes dont l'établissement est requis par l'Acte uniforme de l'OHADA relatif au droit des sociétés commerciales et du GIE.

9.3. Limites du dépôt des états financiers auprès de l'Administration fiscale

Conformément à l'Art. 3 de la Directive n° 04/2009/CM/UEMOA du 27 mars 2009 il a été institué dans les États membres de l'UEMOA, un Guichet Unique de Dépôt des États Financiers (« GUDEF »). Le GUDEF est placé sous la tutelle du Ministère en charge des Finances.

En effet, considérant la nécessité de mettre en place dans chaque État membre une structure nationale chargée de la collecte et de la mise à disposition des états financiers annuels des entreprises et organisations de l'UEMOA afin de garantir l'unicité, l'homogénéité et la comparabilité des états financiers annuels produits par les entreprises et organisations et convaincu de ce que le dépôt des états financiers annuels produits par les entreprises et organisations auprès d'une structure nationale unique permettra de lutter contre la pluralité des bilans, ce dispositif du GUDEF a été mis en place dans chacun des États membres de l'UEMOA.

En Côte d'Ivoire, le GUDEF a été logé au sein de la Direction générale des Impôts.

Les états financiers sont déposés au GUDEF en version électronique et physique. Lorsqu'ils sont déposés en version physique, six exemplaires imprimés de ces états financiers sont déposés par le contribuable. Après vérification par le GUDEF de la conformité des états financiers, les exemplaires déposés sont transmis systématiquement aux utilisateurs notamment la Banque des Données Economiques et Financières de la

BCEAO, l'organisme en charge des statistiques (Agence Nationale de la Statistique pour la Côte d'Ivoire), la DGI.

Comme indiqué ci-dessus, l'Administration fiscale ne portant d'intérêt qu'aux états financiers leur permettant de déterminer le résultat fiscal taxable de l'entité concernée, seuls les états financiers personnels sont déposés par les contribuables au GUDEF. Il s'en suit que les états financiers consolidés par les sociétés mères ne sont pas déposés au GUDEF.

Compte tenu des traitements inhérents au processus de consolidation, la somme des états financiers personnels des entités comprises dans le périmètre de consolidation ne correspond pas aux états financiers consolidés du Groupe.

Ainsi, le PIB et la consommation, la formation brute de capital fixe (FBCF) qui sont des indicateurs clés de la comptabilité nationale et qui sont préparés à partir des états financiers déposés par les contribuables peuvent se trouver impactés significativement.

Par exemple, le PIB qui est le principal agrégat mesurant l'activité économique, correspond à la somme des valeurs ajoutées. Or la somme des valeurs ajoutées des entités comprises dans le périmètre de consolidation ne correspond pas toujours à la valeur ajoutée du Groupe en raison des retraitements inhérents à la consolidation. Pourtant, c'est la valeur ajoutée de l'ensemble consolidé qui représente la véritable richesse créée.

10. Sanctions encourues en cas de défaut d'établissement des comptes consolidés

Aux termes des dispositions de l'article 111 de l'Acte uniforme, encourent une sanction pénale les dirigeants d'entités qui :

– n'auront pas, pour chaque exercice, dressé l'inventaire et établi les états financiers annuels, consolidés ou combinés, ainsi que le rapport de gestion et le cas échéant le bilan social ;

– auront sciemment établi et communiqué des états financiers ne donnant pas une image fidèle du patrimoine, de la situation financière et du résultat de l'exercice.

Lesdites sanctions sont prévues par le droit pénal en vigueur dans chaque État partie.

L'article 48 de la loi n° 2017-727 portant répression des infractions prévues par les actes uniformes du traité relatif à l'harmonisation du droit des Affaires en Afrique dispose que, sont punis d'un emprisonnement de 3 mois à 3 ans et d'une amende de 500 000 à 5 000 000 de francs, les entrepreneurs individuels et les dirigeants sociaux qui :

– pour chaque exercice, ne dressent pas l'inventaire et n'établissent pas les états financiers annuels ainsi que, le cas échéant, le rapport de gestion et le bilan social ;

– sciemment, établissement et communiquent des états financiers ne délivrant pas une image fidèle du patrimoine, de la situation financière et du résultat de l'exercice.

Cet article ne citant pas expressément les comptes consolidés, il en découle que le défaut d'établissement desdits comptes, bien que constituant une infraction, n'a pas de sanctions prévues en Côte d'Ivoire.

Il convient toutefois de noter que la loi réprimant en Côte d'Ivoire les infractions aux Actes uniformes a été adoptée avant l'entrée en vigueur de l'Acte uniforme relatif au droit comptable et à l'information financière qui est venu remplacer l'Acte uniforme antérieur portant harmonisation des comptabilités des entreprises.

La loi ivoirienne reprend strictement la lettre de l'article 111 tel qu'il figurait dans l'Acte uniforme portant harmonisation des comptabilités des entreprises. L'Acte uniforme initial ne faisait pas de distinction entre les comptes annuels, il pouvait en conséquence indifféremment s'agir des comptes dits personnels, combinés ou consolidés.

À la suite de la révision de l'Acte uniforme et à l'adjonction à la lettre de l'article 111, des comptes combinés et consolidés, il s'ensuit que les « comptes annuels » tels que prévus par ledit Acte renvoient *de facto* (à tort) aux seuls comptes personnels.

11. Archivage des données et documents

Les documents physiques et électroniques utilisés dans le cadre des travaux de consolidation sont archivés pendant une durée de 10 ans au sein de l'entité consolidante.

À l'expiration du délai de 10 ans, ces dossiers sont détruits conformément aux règles et procédures en vigueur.

Par ailleurs, les dispositions de l'annexe fiscale à la loi de finance pour la gestion 2021 prévoient que les entités qui cessent leurs activités sont tenues de désigner un représentant légal chargé de la conservation des documents susvisés, sur la même période. Le nom ou la raison sociale, l'adresse et les contacts de ce représentant, doivent être obligatoirement communiqués à l'Administration fiscale lors de la procédure de cessation d'activités.

Le non-respect des obligations prévues aux troisième et quatrième paragraphes de l'article 33 du présent Livre est sanctionné par une amende de 2 000 000 de francs.

Les actionnaires principaux, notamment les personnes détenant au moins 25 % du capital de l'entité au moment de la cessation, sont solidaires du paiement de l'amende.

12. Annexes

12.1. Annexe 1 : La liste des comptes d'individualisation des comptes de capitaux propres

BILAN	
Compte	**Libellé**
1010	**Capital social consolidé**
101000	*Capital social Mère*
101001	*Capital social Fille 1*
101002	*Capital social Fille 2*
10100X	*Capital social Fille X*
1020	**Capital par dotation consolidé**
102000	Capital par dotation Mère
102001	Capital par dotation Fille 1
102002	Capital par dotation Fille 2
10200X	Capital par dotation FilleX
1030	**Capital personnel consolidé**
103000	Capital personnel Mère
103001	Capital personnel Fille 1
103002	Capital personnel Fille 2
10300X	Capital personnel Fille X
1040	**Compte de l'exploitant consolidé**
104000	Compte de l'exploitant Mère
104001	Compte de l'exploitant Fille 1
104002	Compte de l'exploitant Fille 2
10400X	Compte de l'exploitant Fille X
1050	**Prime liées au capital social consolidé**
105000	Prime liées au capital social mère
105001	Prime liées au capital social fille 1
105002	Prime liées au capital social fille 2
10500X	Prime liées au capital social fille X
1060	**Ecarts de réevaluation consolidé**
106000	Ecarts de réevaluation mère
106001	Ecarts de réevaluation fille 1
106002	Ecarts de réevaluation fille 2
10600X	Ecarts de réevaluation fille X
1090	**Apporteurs, capital souscrit, non appelé consolidé**
109000	Apporteurs, capital souscrit, non appelé mère

109001	Apporteurs, capital souscrit, non appelé fille 1
109002	Apporteurs, capital souscrit, non appelé fille 2
10900X	Apporteurs, capital souscrit, non appelé fille X
1110	**Réserve légale consolidée**
111000	Réserve légale mère
111001	Réserve légale fille 1
111002	Réserve légale fille 2
11100X	Réserve légale fille X
1120	**Réserves statutaires ou contractuelles consolidées**
112000	Réserves statutaires ou contractuelles mère
112001	Réserves statutaires ou contractuelles fille 1
112002	Réserves statutaires ou contractuelles fille 2
11200X	Réserves statutaires ou contractuelles fille X
1130	**Réserves réglementées consolidées**
113000	Réserves réglementées mère
113001	Réserves réglementées fille 1
113002	Réserves réglementées fille 2
11300X	Réserves réglementées fille X
1180	**Autres réserves consolidées**
118000	Autres réserves mère
118001	Autres réserves fille 1
118002	Autres réserves fille 2
11800X	Autres réserves fille X
1200	**Report à nouveau consolidé**
120000	Report à nouveau mère
120001	Report à nouveau fille 1
120002	Report à nouveau fille 2
12000X	Report à nouveau fille X
1310	**Réserve net: Bénéfice consolidé**
131000	Réserve net: Bénéfice mère
131001	Réserve net: Bénéfice fille 1
131002	Réserve net: Bénéfice fille 2
13100X	Réserve net: Bénéfice fille X
1390	**Résultat net: perte consolidée**
139000	Résultat net: perte mère

139001	Résultat net: perte fille 1
139002	Résultat net: perte fille 2
13900X	Résultat net: perte fille X
1140	**Réserve Autres**
1240	**RAN Autres**
1280	**Résultat Autres**

Notes : Ces comptes sont créés dans le processus de la consolidation pour faciliter l'agrégation des balances des entités comprises dans le périmètre de consolidation.

Les comptes à 6 positions ci-dessus doivent être créés dans la balance de chaque entité (mère et les différentes filiales) comprise dans le périmètre de consolidation avant l'agrégation des balances. Les comptes correspondant dans la balance individuelle de chaque entité comprise dans le périmètre doivent être soldés par la contrepartie de ces comptes de sorte à pouvoir identifier, après le processus d'agrégation des balances, les comptes de capital de chaque entité.

A l'issue du processus d'agrégation des balances des entités comprises dans le périmètre (hors entités consolidés par mise en équivalence), ces comptes à 6 positions ne devraient plus figurer dans la balance consolidée après les écritures de retraitement.

Seuls doivent subsister les comptes de capital à 4 positions indiqués ci-dessus.

12.2. Annexe 2 : La liste des comptes spécifiques à créer dans les balances individuelles

BILAN			
Compte	**Actif**	**Passif**	**Observations /Commentaires**
230X	Immeubles de placement		Pour centraliser les comptes relatifs aux immeubles de placement (2281, 2315, 2325)
2881	Amortissements des immeubles de placements		Pour reclasser les amortissements des immeubles de placement qui figurent dans le compte générique d'amortissement des bâtiments, installations techniques (283).
2981	Dépréciation des immeubles de placements		Pour reclasser les dépréciations des immeubles de placement qui figurent dans le compte générique de dépréciation des bâtiments, installations techniques (293).
240X	Actifs en location-acquisition		Pour centraliser les actifs pris en location acquisition
2840	Amortissements des actifs en		Pour centraliser les amortissements

	location-acquisition		des actifs pris en location acquisition
2940	Dépréciation des actifs en location-acquisition		Pour centraliser les dépréciations des actifs pris en location acquisition
449810	Actifs d'impôt différé		Il enregistre l'évaluation des impôts différés en contrepartie du compte 890
494910	Dépréciation des Actifs d'impôts différés		Il s'agit de la dépréciation correspondante
449820	-	Passif d'impôt différés	Il enregistre l'évaluation des impôts différés en contrepartie du compte 890

COMPTE DE RESULTAT		
Comptes	Libellé	Objet
6002	Quote-part dans le résultat des entités mises en équivalence-charges	Pour enregistrer la quote-part dans toutes les charges activités ordinaires et HAO des entités mises en équivalence
7002	Quote-part dans le résultat des entités mises en équivalence-produits	Pour enregistrer la quote-part dans tous les produits activités ordinaires et HAO des entités mises en équivalence
890	Impôts différés	Comptabilisation de la variation d'impôts différés au résultat

Commentaires sur le compte de résultat :

- Résultat de base par action : le résultat de base par action doit être calculé en divisant le résultat de l'exercice (Numérateur) attribuable aux actionnaires ordinaires de l'entité mère sous déduction des dividendes préférentielles après impôt par le nombre moyen pondéré d'action ordinaire en circulation au cours de l'exercice.

- Résultat dilué par action : le résultat dilué par action doit être calculé en divisant le résultat de l'exercice (Numérateur) attribuable aux actionnaires ordinaires de l'entité mère sous déduction des dividendes préférentielles après impôt + intérêts ou dividendes constatés par des actions potentielles dilutives par le nombre moyen pondéré d'action ordinaire en circulation au cours de l'exercice + le nombre moyen d'action émise lors de la conversion en action ordinaire de toutes les actions potentielles dilutives.

12.3. **Annexe 3 : La liste des comptes spécifiques de la balance agrégée**

	BILAN CONSOLIDE	
Compte	**Libellé**	**Commentaires/observations**
2630	Participation dans les entités mises en équivalence	Ce compte met en évidence l'existence d'entités sous influence notable dans le périmètre de consolidation. Le solde débiteur de ce solde représente la valeur actuelle consolidée des titres de participation intégrés des entités mises en équivalence
2960	Dépréciation des participations des entités mises en équivalence	
2110	Ecart d'acquisition (Goodwill)	L'écart d'acquisition positif est considéré comme une survaleur. Il représente les avantages que procure la prise de participation. L'écart d'acquisition est inscrit à l'actif immobilisé dans la rubrique des immobilisations incorporelles.
2810	Amortissement du goodwill	Pour enregistrer l'amortissement du goodwill dont la durée d'utilité est limitée
2910	Dépréciation du Goodwill	Pour enregistrer la dépréciation du goodwill dont la durée d'utilité est illimitée
1010	Capital social consolidé	Pour enregistrer le capital social de la mère

1020	Capital par dotation consolidé	Pour enregistrer le capital par dotation de la mère	
1030	Capital personnel consolidé	Pour enregistrer le capital personnel de la mère	
1040	Compte de l'exploitant consolidé	Pour enregistrer le compte de l'exploitant de la mère	
1050	Primes liées au capital social consolidé	Pour enregistrer les primes liées au capital social de la mère	
1060	Ecarts de réévaluation consolidé	Pour enregistrer l'écart de réévaluation de la mère	
1090	Apporteurs, capital souscrit, non appelé consolidé	le capital souscrit non appelé de la mère	
1110	Réserve légale consolidée	Pour enregistrer la réserve légale de la mère	
1120	Réserve statutaires ou contractuelles consolidée	Pour enregistrer les réserves statutaires ou contractuelles de la mère	
1130	Réserve règlementées consolidées	Pour enregistrer les réserves réglementées de la mère	
1180	Autres réserves consolidées	Pour enregistrer les autres réserves de la mère	
1310	Résultat net: Bénéfice consolidé	Pour enregistrer le bénéfice de la mère	
1390	Résultat net: perte consolidée	Pour enregistrer la perte de la mère	
1140	Primes et Réserves Autres	Pour enregistrer toutes les primes et les réserves des entités comprises dans le périmètre autre que la mère	
1240	RAN Autres	Pour enregistrer tous les reports à nouveau des entités	

		comprises dans le périmètre autre que la mère
1280	Résultats Autres	Pour enregistrer tous les résultats des entités comprises dans le périmètre autre que la mère
117	Ecart de conversion	Dans le cadre d'une conversion des comptes des entités étrangères entrant dans le périmètre de consolidation. Il s'agit de la différence entre la conversion du résultat de l'entité au bilan au cours de clôture et la conversion des comptes de résultats au cours moyen. Les écarts de conversion sont des réserves consolidées qui appartiennent aussi bien au groupe qu'aux associés minoritaires.

COMPTE DE RESULTAT CONSOLIDES/AUTRES ELEMENTS DU RESULTAT CONSOLIDES

Compte	Libellé	Commentaires/observations
6002	Quote-part dans le résultat des entités mises en équivalence-charges	Pour enregistrer la quote-part dans toutes les charges activités ordinaires et HAO des entités mises en équivalence
7002	Quote-part dans le résultat des entités mises en équivalence-produits	Pour enregistrer la quote-part dans tous les produits activités ordinaires et HAO des entités mises en équivalence

Annexe 4 : Exemple de règles et méthodes comptables d'états financiers consolidés – Notes annexes

C. Base d'établissement, résumé des principales règles et méthodes comptables

C1. Méthode de consolidation

Les présents états financiers consolidés comprennent les états financiers de la société mère M et les états financiers des entités qu'elle contrôle (ses filiales). Une société détient le contrôle lorsqu'elle a le pouvoir de diriger les politiques financières et opérationnelles d'une entité afin d'obtenir des avantages de ses activités.

Les résultats des filiales acquises au cours de l'exercice sont compris dans le compte de résultat consolidé à compter de la date d'entrée en vigueur de l'acquisition.

Au besoin, des ajustements sont apportés aux états financiers des filiales afin que leurs méthodes comptables concordent avec les méthodes utilisées par d'autres membres du Groupe.

Les transactions, soldes, produits et charges intragroupe ont été entièrement éliminés lors de la consolidation.

Les intérêts minoritaires (ou intérêts hors groupe) représentent la quote-part des capitaux propres non détenues (directement ou indirectement) par le groupe dans les filiales consolidées selon la méthode de l'intégration globale. Les capitaux propres comprennent le capital social, le résultat net et les réserves. Le résultat net et les réserves sont présentés distinctement au passif du bilan consolidé entre la part groupe et la part des minoritaires.

Toutefois, lorsque pour une filiale donnée, la part revenant aux minoritaires devient négative (suite à l'accumulation de pertes), elle est déduite des intérêts majoritaires (part groupe), sauf si les associés ou actionnaires minoritaires ont l'obligation formelle (légale ou contractuelle) de combler ces pertes.

Lorsque la filiale consolidée réalise de nouveau des bénéfices, la part groupe des capitaux propres est créditée jusqu'à apurement complet des pertes antérieurement débitées.

La préparation des états financiers consolidés selon la méthode de l'intégration globale implique les étapes suivantes :

- cumul des états financiers des entités du Groupe ;
- élimination des titres de participation dans les filiales et comptabilisation de l'écart d'acquisition ;
- identification et évaluation des intérêts minoritaires ;
- élimination des opérations intra-groupe ;
- élimination des provisions pour dépréciation des titres des entités contrôlées ;
- harmonisation des méthodes comptables ;
- préparation des états financiers consolidés.

Compte tenu des liens de participation indirects, l'organisation de la consolidation par paliers a été jugée nécessaire. La technique de la consolidation par paliers consiste à consolider successivement des sous-ensembles consolidés dans des ensembles plus grands. Deux paliers de consolidation ont été identifiés pour la présente consolidation.

Dans le processus d'élimination des titres et de partage des capitaux propres, trois situations sont à distinguer :

- la valeur comptable des titres de participation est supérieure à la quote-part positive des capitaux propres revenant au Groupe : la part du Groupe dans les réserves est imputée l'actif du bilan en fonds commercial ;

- la valeur comptable des titres de participation est inférieure à la quote-part positive des capitaux propres revenant au Groupe : la part du Groupe et la part des minoritaires dans les réserves et le résultat de l'exercice sont présentées distinctement au passif du bilan dans les capitaux propres ;

- les capitaux propres des entités contrôlées sont négatifs suite à l'accumulation des pertes : la totalité des capitaux propres est imputée au Groupe.

C2. Entrée d'une entité dans le périmètre de consolidation

L'entrée dans le périmètre de consolidation d'une entité résulte de sa prise de contrôle par l'entité consolidante, quelles que soient les modalités juridiques de l'opération (achat de titres, fusions, échanges, apports partiels, etc.).

Lors de l'entrée dans le périmètre de consolidation et de la modification des participations antérieures, un écart de consolidation est calculé par différence entre le coût d'acquisition des titres et la part des capitaux propres que représentent ces titres pour l'entité consolidante, y compris le résultat de l'exercice réalisé à la date d'entrée dans le périmètre et de la modification des participations ultérieures.

L'écart de consolidation permet de distinguer l'écart d'évaluation et l'écart d'acquisition.

C.3 Regroupements d'entreprises

Les acquisitions de filiales et d'entreprises sont comptabilisées selon la méthode de l'acquisition. Le coût d'un regroupement d'entreprises correspond au total des justes valeurs (à la date d'échange) des actifs remis, des passifs engagés ou pris en charge et des instruments de capitaux propres émis par le Groupe, en échange du contrôle de l'entreprise acquise, plus tous les coûts directement attribuables au regroupement d'entreprises. Les actifs, les passifs et les passifs éventuels identifiables de l'entité acquise qui satisfont aux critères de comptabilisation sont comptabilisés à leurs justes valeurs à la date d'acquisition.

L'écart d'acquisition positif (goodwill) est considéré comme une survaleur. Il représente les avantages que procure la prise de participation. L'écart d'acquisition est inscrit à l'actif immobilisé dans la rubrique des immobilisations incorporelles. En contrepartie, il convient :

- soit de diminuer la valeur d'entrée de la participation de l'acquéreur en créditant le poste « Titres de participation » ;
- soit d'augmenter directement les capitaux propres de l'acquéreur en créditant le poste « Réserves consolidées » de l'acquéreur.

Un écart d'acquisition amortissable ou non doit obligatoirement faire l'objet d'un test de dépréciation, qu'il existe ou non un indice de perte de valeur.

Un écart d'acquisition négatif (badwill) correspond généralement soit à une plus-value potentielle du fait d'une acquisition effectuée dans des conditions avantageuses, soit à une rentabilité insuffisante de l'entité acquise. Toutefois, lors de l'acquisition, les actifs incorporels identifiés qui ne peuvent pas être évalués par référence à un marché actif ne doivent pas être comptabilisés au bilan consolidé s'ils conduisent à créer ou à augmenter un écart d'acquisition négatif. L'écart d'acquisition négatif éventuel est rapporté au résultat sur une durée qui doit refléter les hypothèses retenues et les objectifs fixés lors de l'acquisition.

C.4 Fonds propres et quasi-fonds propres

Selon le SYSCOHADA, les capitaux propres sont déterminés par la différence entre l'expression comptable d'une part, de l'ensemble des éléments actifs de l'entité et, d'autre part, de l'ensemble des éléments du passif externe. Les capitaux propres correspondent aussi au total formé des apports, des écarts de réévaluation, des réserves, des bénéfices autres que ceux pour lesquels une décision de distribution est intervenue, des pertes, des subventions d'investissement et des provisions réglementées.

Les emprunts et les dettes assimilées sont des ressources financières externes, contractées auprès d'établissements de crédit et/ou de tiers divers, affectées de façon durable au financement des moyens d'exploitation et de production. Remboursables à terme, ils participent concurremment avec les capitaux propres à la couverture des besoins durables de l'entité.

Le SYSCOHADA précise en outre qu'une rubrique « Autres fonds propres » doit figurer au passif du bilan, entre les capitaux propres et les dettes financières, dans le cas où l'entité a reçu des financements d'une nature intermédiaire entre les capitaux propres et les dettes. Selon les cas et les législations, il peut s'agir:

- de titres participatifs émis par certaines sociétés et qui constituent des ressources tenant à la fois de l'action et de l'obligation (remboursable seulement à très long terme ; rémunération avec partie fixe et partie variable, dernier rang de remboursement immédiatement avant les actions, etc.) ;

- d'avances conditionnées reçues de l'État et dont le remboursement est tout à la fois à long terme et conditionnel ;

- de titres subordonnés à durée indéterminée, appelés parfois obligations perpétuelles ;

- d'obligations remboursables en actions ;

- d'autres instruments financiers, non remboursables ou remboursables à l'initiative de l'entité, ou remboursables à l'aide d'autres instruments de capitaux propres.

Toutes ces ressources présentent soit une faible probabilité de remboursement, soit une absence d'échéancier, soit le remboursement par d'autres instruments de capitaux propres.

Sans être des capitaux propres, elles en sont proches, d'où leur place dans cette rubrique spécifique Autres fonds propres.

C.5 Actifs non courants détenus en vue de la vente

Les actifs non courants et les groupes destinés à être cédés sont classés comme détenus en vue de la vente si leur valeur comptable est recouvrée principalement par le biais d'une transaction de vente plutôt que par l'utilisation continue. Cette condition est remplie seulement lorsque la vente est hautement probable et que l'actif (ou le groupe destiné à être cédé) est disponible en vue de la vente immédiate dans son état actuel. La direction doit s'être engagée à la vente et on doit s'attendre à ce que la vente se qualifie pour la comptabilisation en tant que vente conclue dans le délai d'un an à compter de la date de sa classification.

Les actifs non courants (et les groupes destinés à être cédés) classés comme détenus en vue de la vente sont évalués à leur valeur comptable antérieure.

C.6 Produits des activités ordinaires

Les produits sont généralement pris en compte lorsqu'une augmentation des avantages économiques, liée à une augmentation d'actif ou à une diminution du passif s'est produite et peut être mesurée de façon fiable.

Au cas particulier du chiffre d'affaires, la comptabilisation des produits résultant de contrats avec les clients doit traduire le transfert à un client du contrôle d'un bien ou d'un service pour le montant auquel le vendeur s'attend à avoir droit.

C.7 Les immobilisations incorporelles

Les immobilisations incorporelles acquises séparément sont évaluées initialement à leur coût. Postérieurement à la comptabilisation initiale, les immobilisations incorporelles sont évaluées au coût diminué du cumul des amortissements et pertes de valeur. Les dépenses relatives à du goodwill généré en interne, aux listes de clients générées en interne, à une phase de démarrage, à la formation, aux activités de publicité et de promotion, à une relocalisation ou à une réorganisation, sont comptabilisées en charge. Les frais d'établissement sont également comptabilisés en charges. Les parts de marché ne satisfont pas à la définition des immobilisations incorporelles.

Les dépenses effectuées au titre des frais directs d'acquisition dont notamment les taxes non récupérables et les commissions, les frais de montage, d'installation et de mise en état d'utilisation, les droits de mutation, les commissions, les frais d'actes et les honoraires sont enregistrés dans la valeur d'entrée des immobilisations.

Le Groupe apprécie si la durée d'utilité d'une immobilisation incorporelle est finie ou indéterminée.

Les immobilisations incorporelles ayant une durée de vie finie sont amorties sur la durée d'utilité économique et sont soumises à un test de dépréciation chaque fois qu'il existe une indication que l'immobilisation incorporelle s'est dépréciée. La durée et le mode d'amortissement d'une immobilisation incorporelle ayant une durée d'utilité finie sont réexaminés au moins à la clôture de chaque exercice. Tout changement de la durée d'utilité attendue ou du rythme attendu de consommation des avantages économiques futurs de l'actif est traduit par une modification de la durée ou du mode d'amortissement, selon le cas, de tels changements étant traités comme des changements d'estimation. La charge d'amortissement des immobilisations incorporelles à durée de vie finie est comptabilisée en résultat dans la catégorie de charges appropriée au vu de la fonction de l'immobilisation incorporelle.

Les immobilisations incorporelles à durée de vie indéterminée ne sont pas amorties mais sont soumises à des tests de dépréciation chaque fois qu'il y a un indice de perte de valeur. La durée d'utilité d'une immobilisation incorporelle à durée de vie indéterminée est réexaminée annuellement afin de déterminer si cette qualification demeure justifiée. Si tel n'est pas le cas, le changement d'appréciation portant sur la nature de la durée d'utilité, d'indéterminée à finie, est comptabilisé de manière prospective.

Les profits ou les pertes résultant de la décomptabilisation d'une immobilisation incorporelle sont déterminés comme la différence entre les produits nets de sortie, et la valeur nette comptable de l'actif. Ils sont comptabilisés en résultat lors de la décomptabilisation de l'actif.

Coûts de recherche et développement

Les coûts de recherche et développement sont comptabilisés en charges lorsqu'ils sont encourus. Les dépenses de développement engagées sur la base d'un projet individuel sont comptabilisées en actif incorporel lorsque le Groupe peut démontrer :

> ➢ la faisabilité technique de l'immobilisation incorporelle en vue de sa mise en service ou de sa vente
> ➢ son intention d'achever cet actif et sa capacité à l'utiliser ou à le vendre ;
> ➢ le fait que cet actif générera des avantages économiques futurs ;
> ➢ l'existence de ressources disponibles pour achever le développement de l'actif ; et
> ➢ sa capacité à évaluer de façon fiable les dépenses engagées au titre du projet de développement.

Après leur comptabilisation initiale en qualité d'actif, les dépenses de développement sont évaluées en utilisant le modèle du coût, c'est- à-dire au coût diminué du cumul des amortissements et pertes de valeur. L'amortissement de l'actif commence lorsque le développement est achevé et que l'actif est prêt à être mis en service. Il est amorti linéairement sur la période au cours de laquelle sont attendus les avantages économiques liés au projet. La valeur comptable des coûts de développement activés fait l'objet d'un test de perte de valeur chaque année tant que l'actif est en cours de développement.

Brevets et licences

Les brevets, les licences, les marques, les logiciels et autres droits similaires acquis sont à comptabiliser en immobilisations incorporelles si les critères de définition et de comptabilisation d'une immobilisation incorporelle sont remplis.

C.8 Les immobilisations corporelles

Les immobilisations corporelles sont comptabilisées à leur coût, diminué, le cas échéant, des cumuls d'amortissements et de pertes de valeur. Ce coût inclut les coûts de remplacement d'une partie de l'actif et les coûts d'emprunt pour les projets de construction longs, si les critères de comptabilisation sont satisfaits. En outre, et sous la même condition, le coût correspondant à chaque inspection majeure est comptabilisé dans la valeur comptable de l'immobilisation corporelle à titre de remplacement. L'ensemble des autres coûts de réparation et de maintenance est comptabilisé en résultat au cours de l'exercice de réalisation.

Les immobilisations susceptibles d'être décomposées sont celles dont la valeur est significative et qui contiennent des éléments ayant une durée d'utilité propre ; c'est-à-dire des éléments pouvant faire l'objet d'un ou plusieurs remplacements en cours d'utilisation.

Une immobilisation corporelle est décomptabilisée lors de sa sortie ou dès lors qu'il n'est plus attendu aucun avantage économique futur de son utilisation ou de sa sortie. Tout gain ou perte résultant de la décomptabilisation d'un actif (calculé sur la différence entre le produit net de cession et la valeur comptable de cet actif) est enregistré en résultat, au cours de l'exercice de décomptabilisation. Les valeurs résiduelles, durées d'utilité et modes d'amortissement des actifs sont revus à chaque clôture annuelle, et modifiés si nécessaire sur une base prospective.

L'entité peut procéder à la réévaluation des immobilisations corporelles et financières. La décision de réévaluation est prise par les organes de gestion de l'entité qui indiquent la méthode utilisée, la liste des postes des états financiers concernés et les montants correspondants, le traitement fiscal de l'écart de réévaluation. Cette réévaluation a pour conséquence la substitution d'une valeur, dite réévaluée, à la valeur nette précédemment comptabilisée. La différence entre valeurs réévaluées et valeurs nettes précédemment comptabilisées constitue, pour l'ensemble des éléments réévaluées, l'écart de réévaluation.

C.9 Les contrats de locations

Les opérations de location se distinguent en contrat de location financement et contrat de location simple, distinction fondée sur l'existence d'une option d'achat à des conditions suffisamment favorables pour avoir une certitude raisonnable que l'option sera exercée.

En conformité avec le SYSCOHADA, le retraitement est élargi à toute opération de location financement, quelle que soit la forme juridique qu'elle revêt et non limité aux seuls contrats de crédit-bail.

Déterminer qu'un accord est, ou contient, un contrat de location, dépend de la substance de l'accord à sa date de commencement. Ceci impose d'apprécier si l'exécution de l'accord dépend de l'utilisation d'un actif ou d'actifs spécifique(s) et si l'accord confère un droit d'utiliser l'actif.

Le Groupe a effectué une analyse de tous les contrats de location en cours au 1er janvier 2018 et a opéré le cas échéant, les retraitements complémentaires par la comptabilisation de l'actif concerné en contrepartie d'une dette financière sur la base de la valeur actuelle de l'actif.

C.10 Les coûts d'emprunts incorporables

Les coûts d'emprunts qui sont directement attribuables à l'acquisition, la construction ou la production d'un actif, dont la préparation préalable à l'utilisation ou la vente prévue, nécessite un délai substantiel, sont incorporés au coût de cet actif. Tous les autres coûts d'emprunt doivent être comptabilisés en charges de l'exercice au cours duquel ils sont encourus. Les coûts d'emprunt sont les intérêts et autres coûts supportés par une entreprise dans le cadre d'un emprunt de fonds. Le Groupe capitalise les coûts d'emprunt pour tous les actifs éligibles.

C.11 Les stocks

Les stocks sont évalués au plus faible du coût et de la valeur nette de réalisation. La valeur nette de réalisation désigne le montant net qu'une entité s'attend à réaliser sur la vente de stocks dans le cours normal de l'activité.

Les coûts encourus pour amener les stocks dans l'état et à l'endroit dans lequel ils se trouvent sont incorporés dans le coût d'achat ou de production.
Les éléments de stocks similaires ou ayant un rapport entre eux sont regroupés pour l'appréciation des dépréciations qu'ils ont subies.

C.12 Les transactions en devises étrangères

Les états financiers consolidés du Groupe sont présentés en FCFA. Il s'agit de la monnaie de l'environnement économique principal dans lequel opère le Groupe.

Les opérations en monnaies étrangères sont initialement enregistrées en FCFA au taux de change en vigueur à la date de la transaction. Toutes différences entre la date d'enregistrement et la date de réalisation sont constatées au compte de résultat en pertes ou gains de changes.

À la date de clôture les actifs et passifs monétaires libellés en devises étrangères sont convertis en FCFA au taux de change en vigueur à la date de clôture.

Les différences entre les valeurs initialement inscrites dans les comptes (coûts « historiques ») et celles résultant de la conversion à la date de clôture majorent ou diminuent les montants initiaux et constituent :

- ➢ des pertes latentes, dans le cas de majoration des dettes ou de minoration des créances,
- ➢ des gains latents, dans le cas de majoration des créances ou de minoration des dettes.

Les gains et les pertes latents participent au résultat.

C.13 Les provisions

Des provisions sont comptabilisées lorsque le Groupe a une obligation actuelle (juridique ou implicite) résultant d'un événement passé, qu'il est probable qu'une sortie de ressources représentative d'avantages économiques sera nécessaire pour éteindre l'obligation et que le montant de l'obligation peut être estimé de manière fiable.

La notion d'obligation actuelle implique toujours un engagement vis-à-vis d'une autre partie sans possibilité de se soustraire à cette obligation.

C.14 Pensions et autres avantages post emploi

L'évaluation du montant de l'indemnité de départ à la retraite est effectuée par application d'une méthode actuarielle prenant en compte les paramètres aléatoires relatifs notamment, à la mortalité, à la rotation du personnel et à la croissance du salaire.

C.15 Imposition

La charge d'impôt sur le résultat représente la somme de l'impôt exigible à payer et de l'impôt différé.

Impôt exigible

L'impôt exigible à payer est fondé sur le bénéfice imposable de l'exercice. Le bénéfice imposable diffère du « résultat avant impôt » comptabilisé dans l'état consolidé du résultat net en raison d'éléments de produits et de charges qui sont imposables ou déductibles au cours d'autres exercices de même que des éléments qui ne sont jamais imposables ni déductibles.

L'impôt exigible du Groupe est calculé au moyen des taux d'imposition adoptés ou quasi adoptés à la fin de la période de présentation de l'information financière.

Impôt différé

L'impôt différé est déterminé en fonction des différences temporaires entre les valeurs comptables des actifs et des passifs dans les états financiers consolidés et les valeurs fiscales correspondantes utilisées dans le calcul du bénéfice imposable. En général, des passifs d'impôt différé sont comptabilisés pour toutes les différences temporaires imposables. Des actifs d'impôt différé sont généralement comptabilisés pour toutes les différences temporaires déductibles dans la mesure où il est probable qu'un bénéfice imposable, sur lequel ces différences temporaires déductibles pourront être imputées, sera disponible.

De tels actifs et passifs d'impôt différé ne sont pas comptabilisés si la différence temporaire découle de la comptabilisation initiale d'actifs et de passifs liés à une transaction (autre qu'un regroupement d'entreprises) qui n'a d'incidence ni sur le bénéfice imposable ni sur le bénéfice comptable. En outre, des passifs d'impôt différé ne sont pas comptabilisés si la différence temporaire découle de la comptabilisation initiale du goodwill.

Les passifs d'impôt différé sont comptabilisés pour toutes les différences temporaires imposables liées à des participations dans des filiales, des entreprises associées et des coentreprises, sauf si le Groupe est capable de contrôler la date à laquelle la différence temporaire s'inversera et s'il est probable que la différence temporaire ne s'inversera pas dans un avenir prévisible. Les actifs d'impôt différé découlant des différences temporaires déductibles générées par de telles participations sont comptabilisés seulement s'il est probable que le bénéfice imposable sera suffisant pour permettre d'utiliser les avantages de la différence temporaire et que la différence temporaire se résorbera dans un avenir prévisible.

La valeur comptable des actifs d'impôt différé est revue à la fin de chaque période de présentation de l'information financière et elle est réduite s'il n'est plus probable qu'un bénéfice imposable suffisant sera disponible pour permettre le recouvrement de la totalité ou d'une partie de l'actif.

Les passifs et les actifs d'impôt différé sont évalués aux taux d'imposition dont l'application est attendue dans la période au cours de laquelle l'actif sera réalisé ou le passif réglé, en fonction des taux d'imposition (et des lois fiscales) qui sont adoptés ou quasi adoptés à la fin de la période de présentation de l'information financière.

L'évaluation des passifs et des actifs d'impôt différé reflète les conséquences fiscales qui résulteraient de la façon dont le Groupe s'attend, à la fin de la période de présentation de l'information financière, à recouvrer ou à régler la valeur comptable de ses actifs et de ses passifs.

Impôt exigible et impôt différé de l'exercice

L'impôt exigible et l'impôt différé sont comptabilisés en résultat net, sauf s'ils concernent des éléments qui ont été comptabilisés dans les autres éléments du résultat global ou directement dans les capitaux propres, auquel cas l'impôt exigible et l'impôt différé sont aussi comptabilisés respectivement dans les autres éléments du résultat global ou directement dans les capitaux propres. Si l'impôt exigible ou l'impôt différé découle de la comptabilisation initiale d'un regroupement d'entreprises, l'incidence fiscale est incluse dans la comptabilisation du regroupement d'entreprises.

12.5. Annexe 5 - Correction des exercices d'application

12.5.1.   Exercice d'application n°1 : Obligation d'établissement des comptes consolidés et périmètre de consolidation

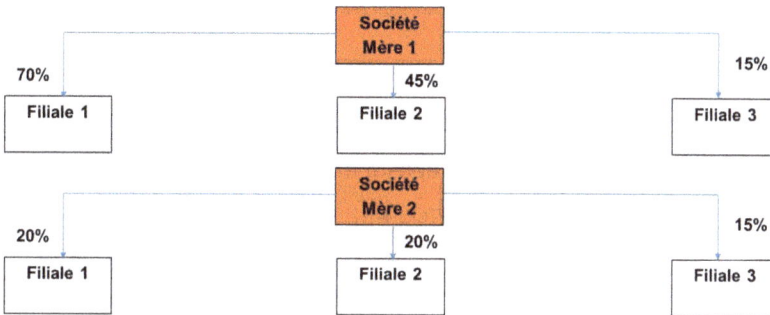

Travail à faire :

- déterminer si les sociétés Mère 1 et Mère 2 sont tenues d'établir des comptes consolidés en application des dispositions du SYSCOHADA révisé.

- Si oui, déterminer le périmètre de consolidation.

Rappels :

Aux termes des dispositions de l'article 74 de l'Acte uniforme relatif au droit comptable et à l'information financière (AUDCIF), toute entité, qui a son siège social ou son activité principale dans l'un des États parties et qui contrôle de manière exclusive ou conjointe une ou plusieurs autres entités, doit établir et publier chaque année les états financiers consolidés de l'ensemble constitué par toutes ces entités ainsi qu'un rapport sur la gestion de cet ensemble.

Les entités qui n'exercent qu'une influence notable sur une ou plusieurs entités n'ont pas l'obligation d'établir et de publier des comptes consolidés. En revanche, dès lors qu'il y a obligation d'établir des comptes consolidés, les entités sous influence notable sont incluses dans le périmètre de consolidation.

Application :

1) La société Mère 1 contrôle exclusivement la Filiale 1 et conjointement la Filiale 2. Il y a donc obligation de consolider pour la société Mère 1. Le périmètre sera alors constitué des entités Filiale 1, Filiale 2. La société Mère 1 n'exerce aucun contrôle sur la Filiale 3. La Filiale 3 sera alors exclue du périmètre de consolidation. Dans les états financiers consolidés de la société Mère 1, les titres de participation de la Filiale 3 seront enregistrés au coût.

2) La société Mère 2 exerce une influence notable sur les Filiale 1 et Filiale 2. Il n'y a donc aucune obligation de consolidation pour la société Mère 2.

12.5.2. Exercice d'application n°2 : détermination des pourcentages de contrôle et d'intérêt

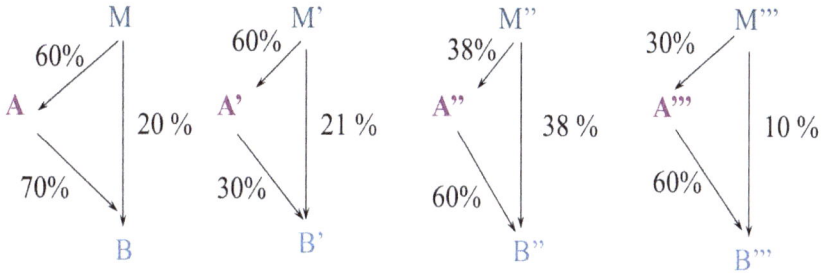

Travail à faire : calculer les pourcentages de contrôle et d'intérêts de M dans B, B', B'' et B'''.

Application :

	M	M'	M''	M'''
Pourcentage de contrôle				
• direct	20 %	21 %	38 %	10 %
• indirect	70 %	30 %	0	0
• total	90 %	51 %	38 %	10 %
Pourcentage d'intérêt				
• direct	20 %	21 %	38%	10 %
• indirect	42 %	18 %	22,8%	18 %
• total	62 %	39 %	60,8%	28 %

175

12.5.3. Exercice d'application n°3 : détermination des sociétés entrant dans le périmètre de consolidation

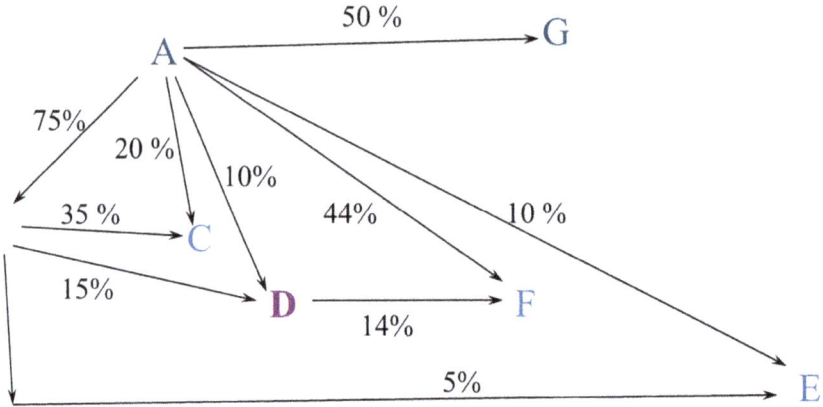

Travail à faire : déterminer les sociétés entrant dans le périmètre de consolidation.

Application :

	B	C	D	E	F	G
Pourcentage de contrôle						
• direct	75 %	20 %	10 %	10 %	44 %	50 %
• indirect	0 %	35 %	15 %	5 %	0 %	0 %
• total	75 %	55 %	25 %	15 %	44 %	50 %
Pourcentage d'intérêt						
• direct	75 %	20 %	10 %	10 %	44 %	50 %
• indirect	0 %	26,25 %	11,25 %	3,75 %	2,975 %	0 %
• total	75 %	46,25 %	21,25 %	13,75 %	46,975%	50 %

Les entités entrant dans le périmètre de consolidation sont, outre la société mère, les entités que la société mère contrôle exclusivement, conjointement ou celles sur lesquelles elle exerce une influence notable.

Les entités entrant dans le périmètre de consolidation sont : A, C, D, F et G.

www.ingramcontent.com/pod-product-compliance
Lightning Source LLC
Chambersburg PA
CBHW061313220326
41599CB00026B/4863